Kleine Edition 44

BERND STIEGLER

BILDPOLITIKEN DER IDENTITÄT

Von Porträtfotografien bis zu rechten Netzwerken

August Verlag

SHERIFF
FULTON COUNTY
SHERIFF'S OFFICE
PATRICK LABAT

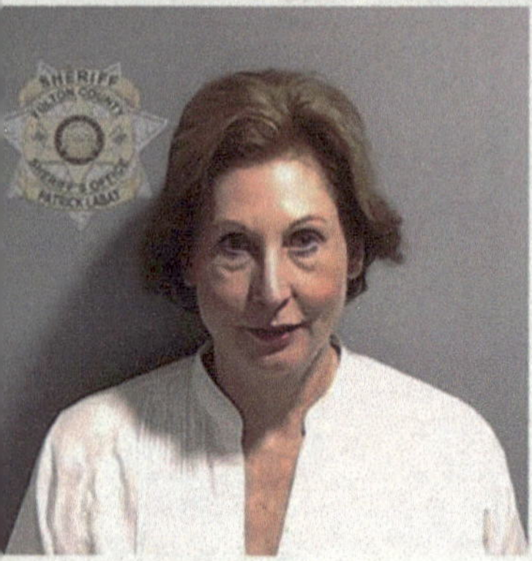
SHERIFF
FULTON COUNTY
SHERIFF'S OFFICE
PATRICK LABAT

SHERIFF
FULTON COUNTY
SHERIFF'S OFFICE
PATRICK LABAT

SHERIFF
FULTON COUNTY
SHERIFF'S OFFICE
PATRICK LABAT

S. 4–5:
Mug Shots von Donald Trump und seinen Mitangeklagten
(Fulton County Sheriff's Office, Georgia, 24. August 2023)

INHALT

Abb. 1:
Nadar (= Félix Tournachon), Carte de Visite-Portraits von George Sand, 1860er Jahre

EINLEITUNG

So sieht die französische Schriftstellerin George Sand aus. Jedenfalls handelt es sich um eine Serie von Porträtfotos, die der berühmte Fotograf Nadar von ihr in den 1860er Jahren aufgenommen hat. George Sand war mit ihren Fotos notorisch unzufrieden. Sie vermochte sich partout auf ihnen nicht so zu erkennen, wie sie sich selbst sah. Ihre Klagen über sie entstellende Aufnahmen sind Legion. Das hielt Sand gleichwohl nicht davon ab, regelmäßig ein Fotostudio aufzusuchen, das dann die dort entstandenen Bilder auch vermarktete und, wie damals bei Porträts von Prominenten üblich, zum Verkauf anbot. Angesichts der mitunter in der Tat kaum überzeugenden Resultate ist ihre Unzufriedenheit durchaus verständlich.

Aber selbst das auf der nächsten Seite abgebildete, wenig gelungene Foto wurde tausendfach vertrieben, vielfach reproduziert und landete in zahllosen Alben begeisterter Leser*innen neben den eigenen Verwandten, anderen Berühmtheiten der Zeit oder eigenen Porträts. Wollte man sich ein Bild der Schriftstellerin machen, so konnte man gleich eines erwerben – mitunter eben auch dasjenige, das diese sich wegwünschte.

So wie in Abb. 3 sehe ich aus. Jedenfalls wenn ich das Porträtfoto von meiner Uniwebsite auf das Portal portraitai.com hochlade und dort in vermeintlich „klassische Porträts“ verwandeln lasse. Ich habe mich ebensowenig erkannt wie George Sand, fühle mich aber

Abb. 2:
Nadar (= Félix Tournachon), Carte de Visite-Portrait von George Sand nach einer 1852 angefertigten Daguerreotypie von Pierre-Ambroise Richebourg, ca. 1860

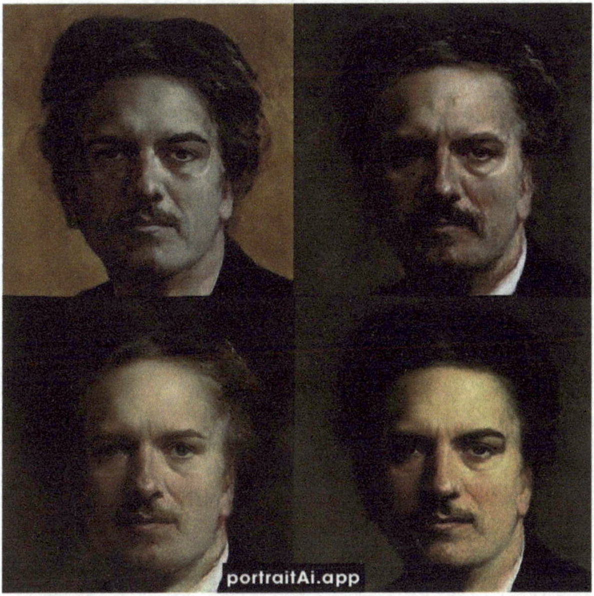

Abb. 3:
Auf der Website portraitai.com generierte Bilder auf Grundlage einer Porträtfotografie

fast geschmeichelt, mich im Stil von Gustave Courbet oder einem seiner Zeitgenossen betrachten zu können, zumal die Herstellung nur ungleich länger als die Belichtungszeit des Fotos der französischen Schriftstellerin gedauert hat. Noch dazu lässt sich die Website fortwährend aktualisieren und liefert zahllose weitere Bilder von entfernter Familienähnlichkeit. Keines ist mit einem der anderen identisch und doch gleichen

Abb. 4.1–4.4:
Auf der Website this-person-does-not-exist.com/de generierte Bilder

alle einander. Wir sind im Reich des narzisstischen Immergleichen angekommen, in dem jeder Unterschied mit Ähnlichkeit geschlagen wird und selbst das vermeintlich Besondere noch an irgendwelche Vorbilder erinnert. Andere Anbieter liefern Bilder à la Ken, der seit dem Barbie-Film wieder in Mode gekommen ist, in der Manier eines Wes-Anderson-Films oder im Stil einer zu wählenden Kunstrichtung zwischen Impressionismus und Moderne oder in zahllosen weiteren Spielformen. Natürlich kann ich mir auch einen Avatar gestalten lassen, der mich vertritt, wenn es darauf ankommt, nicht persönlich anwesend zu sein oder sich nicht als man selbst zu zeigen.

So sieht niemand aus. Jedenfalls wurden diese Bilder durch einen Bildgenerator erstellt, der fotorealistische Bilder erzeugt, ohne dass jemals eine reale Person Portrait gestanden hätte. „Generieren Sie zufälliges [sic!] menschliches Gesicht in 1 Klick und laden Sie es herunter! AI generierte gefälschte Personenfotos: Mann, Frau oder Kind." So wirbt die Website this-person-does-not-exist.com/de für Fotos, die alle drei, vier Sekunden neu entstehen und *niemanden* zeigen, jenen „Oudeis" (οὐδείς – niemand), der wir alle sind und der seine Odyssee durch das World Wide Web antreten kann, ohne jemals das Heim zu verlassen oder gar eine Heimat gehabt zu haben. Aber auf seinen Fahrten dürfte er viele in die Irre geführt haben, ähnelt er doch Bildern, die wir kennen und denen wir Vertrauen schenken oder zumindest geschenkt haben. Hinter dem Projekt steht ein didaktischer Impetus: „Das einzige, was Sie tun müssen, ist genauer hinzuschauen: Die visuellen Verarbeitungssysteme des Menschen sind weitaus stärker als die von Computern, sodass Fälschungen durch Erkennung erkannt werden können." Das ist die Botschaft hinter den Bildern, die auf eine neue Art von visueller Alphabetisierung zielen. Auf der Website whichfaceisreal.com werden so etwa Bilderpaare präsentiert, bei denen man „echte" von computergenerierten Porträts unterscheiden soll.

Abb. 5:
Auf der Website www.whichfaceisreal.com generierte Bilder

Man klickt auf das Bild, von dem man glaubt, dass es eine reale Person zeigt, und bekommt sogleich die Antwort, ob man richtig lag. Eine Kurzschulung gibt einem Kriterien an die Hand, Fakes zu detektieren: Man achte auf die Zähne, auf Verschleifungen im Hintergrund, gemalt erscheinende Haare oder Farbblasen. Noch ist das relativ einfach möglich, aber die nächste Generation von Bildern dürfte raffinierter sein, so wie bei den Replikanten in BLADE RUNNER – da hatte Deckard bekanntlich erhebliche Probleme, sie überhaupt als solche auszumachen, von der Liebe zu Rachael ganz zu schweigen.

Drei Typen von Bildern, drei Arten von Porträts, die auf je unterschiedliche Weise mit Identitäten spielen, sie hinterfragen oder ihre scheinbare Stabilität ausnutzen. Alle drei gehören zum Reich des Fotografischen, dessen Lebensdauer auf eigentümliche Weise durch die KI-Bilderprogramme ein weiteres Mal verlängert wurde, ähneln doch viele der Bilder, die auf sprachliche Prompts hin bei Dall-E 2 und anderen KI-Programmen erzeugt werden, fotorealistischen Gemälden oder eben schlicht Fotografien. Vermutlich macht sie gerade das für die Betrachter*innen vertrauenswürdig. Die Fotografie ist bis heute eine der effektivsten Bildmaschinen der Identitätsproduktion. Kein Ausweis ohne biometrisches Lichtbild, keine Familiengeschichte ohne eine Fülle von sorgfältig inszenierten Aufnahmen und Schnappschüssen, keine Social-Media-Plattform ohne zahllose Selfies. Die Ähnlichkeit mit uns selbst oder den anderen, die wir ausmachen, annehmen oder auch nur vorauszusetzen gewohnt sind, ist dabei eine kulturell erlernte Praxis. Fotografien sind eines der Medien, bei denen die Fähigkeit zur Wiedererkennung eine Kulturtechnik ist, die sich in den letzten knapp zwei Jahrhunderten ausgebildet hat.

Die Forderung, Fotografien lesen zu lernen, ist dabei so alt wie ihre Geschichte. Während es bei den allerersten Daguerreotypien noch darum ging, überhaupt angemessene Beschreibungsinstrumentarien dieser damals gänzlich neuen Bildformen zu entwickeln und sie nicht einfach für „vom Himmel gefallene Abdrücke“ zu halten, wie es einige tatsächlich taten, tritt der Begriff der „fotografischen Alphabetisierung“ mit den Avantgarden auf den Plan. „Nicht der Schrift-, sondern der *Fotografieunkundige wird der Analphabet der Zukunft sein*“, behauptet bereits 1931 Walter Benjamin, den Fotografen und Medien-Universalkünstler László Moholy-Nagy zitierend. *And here we are again*: Noch im Reich der digitalen Simulation und auf dem Bildschirm unseres Rechners sollen wir lernen, „echte" von „falschen" Porträts zu unterscheiden. Das ist eine Form der „literacy", die gefordert, eingeklagt und angemahnt wird und sich mittlerweile bereits in den Curricula von Schulen und Studiengängen findet. Die fotografische Alphabetisierung steht erneut auf dem Plan. Mehr noch als bei den Lichtbildern des 19. Jahrhunderts und jenen zu Zeiten der Avantgarden des 20. Jahrhunderts darf diese aber keineswegs auf einen unkritisch angenommenen Realismus der fotografischen Bilder zielen, sondern muss vielmehr deren kulturelle Konstruktion ins Blickfeld rücken. Das gilt auch für Pressefotos, die mittlerweile seit mehr als einem Jahrhundert im Umlauf sind. Eine richtig verstandene fotografische Alphabetisierung nimmt den performativ weiterhin überaus erfolgreichen Lichtbildern ihre Selbstverständlichkeit und macht aus ihnen das, was sie immer schon waren: kulturelle Zeichen. Das eigentümliche und durchaus medienspezifische Vertrauen, das man seit jeher und immer noch in die Fotografie setzt, wird nicht selten gerade dazu verwendet, um eine bestimmte Identität überhaupt erst zu erfinden und dann mithilfe des Mediums plausibel zu machen. Fotografien sind nach wie vor höchst effektive Performative des Realen – was auch immer man darunter verstehen mag. Daher die Omnipräsenz von Fotografien im Alltag auch dort, wo man sie eigentlich nicht (mehr) braucht.

Als ich neulich bei einer Fluglinie meine Identität bestätigen sollte, da ich die Reise über einen anderen Anbieter gebucht hatte, ging das erst einmal nur über das Hochladen der Vorder- und Rückseite meines Ausweises auf eine Website, die sich jedoch als gänzlich dysfunktional erwies, gelang es mir doch selbst binnen einer halben Stunde nicht, die Bilder der Kamera so zu präsentieren, dass sie von ihr gelesen werden konnten. Erst nachdem ich auf die kostenpflichtige Variante derselben Website gewechselt war, reichte die Vorderseite des Ausweises aus. Ein Schelm, der denkt, dass es hier darum gehen könnte, über eine Fehlfunktion Geld zu verdienen. Aber man wollte gleichwohl mein Foto auf dem Ausweis sehen oder zumindest erreichen, dass ich es in die Kamera des Rechners hielt und es dort erfasst wurde. Ohne dieses ging es selbst mit Gebühr nicht. Nur: Für die Identifikation meiner Person und meines Flugs brauchte es das Foto definitiv nicht. Nummern, Angaben zur Person, QR-Codes etc. wären vollkommen hinreichend. Und das gilt auch für weitere Ausweise. Auf dem Foto meines Führerscheins, den ich vor etwa vier Jahrzehnten erworben habe, können mich selbst Familienangehörige und enge Freund*innen nicht mehr wirklich erkennen. Ihn herumzuzeigen, führt daher durchweg zu großer Erheiterung. Doch ich erkenne mich auch auf meinem eigenen aktuellen Passbild kaum wieder, da dieses von dem Automaten im Bürgeramt erstellt wurde, der eigenen Prinzipien folgt. Es geht mir da wie George Sand. Aber auch jenseits der eigenen Eitelkeit ist die Fehleranfälligkeit von Porträtfotos notorisch. Das Künstlerkollektiv Peng! hat, um nur ein Beispiel zu nennen, vor einigen Jahren bei einer seiner Aktionen „die Bundesdruckerei gehackt und einen Pass drucken lassen, in dem zwei Menschen identifizierbar sind: die EU-Kommissarin für Außen- und Sicherheitspolitik Federica Mogherini und ein Pinguin aus unserem Team. Jetzt kann Frederica Mogherini und eins unserer Teammitglieder theoretisch mit demselben Pass durch die Welt reisen." (pen.gg/de/campaign/maskid) Aber man kann auch an Fahndungsplakate denken (Jan Marsalek mit und ohne Bart) oder die RAF-Bilder von Gerhard Richter. Es braucht noch nicht einmal komplexe Morphing-Verfahren, bei denen zwei oder mehr Fotos übereinandergeblendet werden, schon der Zahn der Zeit oder der Wille zur spielerischen oder künstlerischen Verwandlung genügt. Auch Cindy Sherman hat fast ihr gesamtes künstlerisches Werk auf dieses Spiel mit Identitäten aufgebaut. Egal welche Arbeit man von ihr anschaut, man wird immer auch ihr begegnen oder jedenfalls ihrer fotografischen *Effigie*.

Wann immer von Identität die Rede ist, sind Fotografien nicht weit – auch dann, wenn die Bilder auf Distanzierung zu den Dargestellten zielen, wie etwa bei einigen AfD-Plakaten, die Menschen mit Migrationshintergrund zeigen sollen, als ließe sich dieser von Bildern einfach ablesen. Auch in der Politik braucht es offenbar die Wirkmacht fotografischer Bilder und spielen Fragen von Identität eine entscheidende Rolle. Warum aber vertrauen wir dann Fotografien, wenn es um Identität geht? Bereits diese wenigen Beispiele zeigen, dass das Vertrauen, das wir seit jeher in Fotografien setzen, eher etwas über die verschiedenen Formen von gesellschaftlicher Identitätsproduktion aussagt und ihre Mechanismen lesbar macht, als dass es medienspezifisch begründet wäre. Warum hat gerade die Fotografie diese erstaunliche Beharrungsqualität als Identitätsgarant oder -marker? Um welche Typen von Identität geht es dabei? Und schließlich: Wie wird die Fotografie als Medium eingesetzt, um diese mitunter zuallererst zu produzieren?

Das sind die leitenden Fragen meines Gangs durch die Fotografiegeschichte in zwei Etappen. Im Mittelpunkt stehen dabei verschiedene Formen von Porträt- bzw. Personenfotografien, die auf sehr unterschiedliche Weise Konzepte von Identität modellieren, und Fotos, die dazu dienen, das *Image* einer Person zu profilieren. Ein erster Schritt in die Geschichte führt uns in die Zeit der frühen Moderne in der Mitte des 19. Jahrhunderts, als gegen Ende der 1850er Jahre die Carte-de-Visite-Aufnahmen in Mode kamen und zu einer regelrechten Bildindustrie wurden. Ergänzt wird diese historische Perspektive durch zwei Positionen gegen Ende desselben Jahrhunderts, als der Kriminologe Alphonse Bertillon und der Naturforscher, Gesellschaftstheoretiker und Begründer der Eugenik Francis Galton zwei sehr unterschiedliche Modi entwickelten, Identität festzustellen. Der zweite Teil ist dann der unmittelbaren Gegenwart gewidmet und geht der Frage nach, was heute aus den Modellen dieser Bildpolitik der Identität des 19. Jahrhunderts geworden ist. Dabei beschränke ich mich auf Fotografien und insbesondere auf Porträts, die auf unbeschränkt zugänglichen

Social-Media-Plattformen gepostet wurden, die, mit anderen Worten, überaus sichtbar sind und das auch sein sollen. Das gilt auch für rechte Netzwerke der AfD, der Identitären Bewegung und anderen Gruppierungen, die exemplarisch genauer in den Blick genommen werden. Es geht mir dabei nicht um dunkle Ecken des Darknets, Broschüren klandestiner Verschwörungstheoretiker*innen in Kleinstauflagen oder verbotene Publikationen. Alle Beispiele finden sich ganz öffentlich und um Wahrnehmung buhlend bei Facebook, Instagram und Telegram. Auf diese drei Plattformen habe ich mich bei meinen Recherchen beschränkt. Alle Bilder, die im Folgenden gezeigt werden, sind publik und hatten, als sie veröffentlicht wurden, auch das Ziel, verbreitet zu werden. Einige von ihnen wurden auf unterschiedlichen Plattformen mehrfach gepostet und dann mitunter geteilt, sprich, es handelt sich – nicht anders als bei den historischen Cartes de Visite oder Fotografien von Prominenten – um zirkulierende Fotos. Es sind Fotografien, die mögliche Reaktionen der Betrachter*innen gleich mit bedenken und sie in ihr Wirkungskalkül einbeziehen. Das Spektrum reicht dabei von einem postmodernen Spiel mit Identitäten in sozialen Netzwerken, das bereits zur Selbstverständlichkeit geworden ist, und einer politischen Festschreibung vor allem in rechten Netzwerken, die diesem zumindest auf den ersten Blick entgegengesetzt scheint. „#beautyqueen“ und „bjoern_hoecke_afd“ sind zwar auf derselben Plattform zu finden, verfolgen aber gleichwohl deutlich verschiedene Modelle von Identität. Geschichte und Gegenwart unterschiedlicher bildpolitischer Formen von Identität sind der Gegenstand dieses kleinen Buchs, das aus dem weiten Feld möglicher Themen nur einige wenige ausgewählt hat, die mir exemplarisch oder zumindest signifikant zu sein scheinen. Es verzichtet weiterhin gänzlich auf Fuß- oder Endnoten; dafür findet sich am Ende eine Auswahlbibliografie mit einigen einschlägigen Publikationen.

Konstanz, Ende September 2023

1. FESTSTELLUNG DER IDENTITÄT, KONSTRUKTION VON TYPEN UND DAS SPIEL MIT INSZENIERUNGEN. PORTRAITFOTOGRAFIE IM 19. JAHRHUNDERT

„Je est un autre. [Ich ist ein anderer.]“

Arthur Rimbaud, *Lettres du voyant*

Die Geschichte der Fotografie beginnt nicht mit Porträts, da die Belichtungszeiten in ihren Anfangsjahren schlicht zu lang waren. Die mehreren Sekunden, die der Verschluss des Objektivs geöffnet blieb, konnten Menschen nicht still halten; Städte und Landschaften, Dinge und Dokumente waren da geeigneter, auch wenn sich die Orte auf dem Weg zum Lichtbild entvölkerten. Von Menschen blieb nur eine geisterhafte Spur übrig. Doch es sollte nur wenige Jahre dauern, bis erste Ateliers gegründet wurden, die die seinerzeit noch recht kostspielige Daguerreotypien begüterten Kund*innen offerierten. Sie waren kostbare Unikate, wurden unter Glas gerahmt oder in kleinen, mit Samt ausgekleideten Schatullen aufbewahrt. Sie wurden Teil des Familiengedächtnisses und waren dementsprechend nicht für den Augenblick, sondern für die Dauer, für die Geschichte gedacht. Die Identität, die mittels der Bilder und der Erzählungen, die von ihnen ihren Ausgang nahmen, gestiftet werden sollte, war abhängig von einer in Teilen oralen Kultur, in der mittels Erzählungen das Band zwischen den Generationen geknüpft wurde. Man betrachtete nicht einfach die Fotografien, sondern sprach über die Dargestellten, so wie man es heute noch tut, wenn man ein Fotoalbum mit Bildern der Familie zur Hand nimmt oder aus einer alten Dose Fotopostkarten der Großeltern holt und sich von ihnen erzählen lässt, was es dort zu sehen gibt: Krieg und Vertreibung, Wiederaufbau und Familiengründung, Schultüten und glückliche Ferienmomente. Diese Fotografien sollten dauern und samt ihrer Geschichten von einer Generation zur nächsten weitergegeben werden. Sie waren nicht für den Augenblick bestimmt. Auch wenn die Dargestellten ihr „Das bin ich" zur Schau stellten, so hatten sie eine künftige Betrachtung ihrer Bilder bereits im Blick. Daher auch die besondere Sorgfalt, mit der man sich ihrer Fertigung und Aufbewahrung widmete. Bildnisse dieser Art waren nicht nur teuer, sondern eben auch kostbar und die Geschichten ohnehin unbezahlbar. Fotografien dieser Art, die es auch heute noch gibt, sind Gedächtnisspeicher und Erzählungsgeneratoren. Es ist dabei weniger das Dargestellte, das entscheidend ist, sondern es sind die Geschichten und Erzählungen, die sich an die Bilder anheften. Nicht das, was auf den Aufnahmen zu sehen ist, stiftet Identität, sondern das, was an sie geknüpft wird. Das zeigt sich nicht zuletzt darin, dass irgendwann die Alben unlesbar und stumm werden. Man kann die Dargestellten nicht mehr identifizieren und sich an ihre Geschichten nicht mehr erinnern. Selbst die Bleistiftnotate, die mitunter am Rand der Bilder angebracht werden und zumeist die Namen der Porträtierten oder das Datum des Dargestellten festhalten, bevor sie in Vergessenheit geraten, helfen irgendwann nicht mehr weiter. Fortan sind die Bilder allenfalls noch als historische Quellen Teil des kulturellen Gedächtnisses, jene des kommunikativen Gedächtnisses sprudeln hingegen nicht länger.

Portraits in Form von Daguerreotypien und dann vor allem praktischeren Papierbildern, die zeitgleich entstanden, aber anders als Erstere reproduzierbar waren und daher rasch ungleich wichtiger wurden, fanden sich aber nicht nur alsbald in nahezu allen bürgerlichen Haushalten, sondern wurden auch von Institutionen eingesetzt. Sobald die fotografischen Techniken verfügbar waren, wurden sie zu Zwecken der Erfassung verwendet. Bereits aus der Zeit der Daguerreotypie in den 1840er und frühen 1850er Jahren sind Aufnahmen überliefert, die Insassen und Patient*innen von Psychiatrien oder Kliniken zeigen oder auch gelegentlich, übersetzt in Holzschnitte, sogar zur Anfertigung von Steckbriefen dienten. Zu den knappen Informationen der Akten oder der Fahndungsaufrufe gesellte sich ein Bild, das – oft ein wenig unscharf oder verwackelt – für den Abgebildeten als Individuum einzustehen hatte. Die Porträts waren dabei zumeist, heutigen biometrischen Aufnahmen durchaus ähnlich, in gleicher Distanz frontal aufgenommen, so als sei die Vergleichbarkeit innerhalb der Serien des Archivs bereits Teil des Programms. Mit einer anthropologischen Forschung, die später im Jahrhundert im großen Stil die Fotografie im Sinne der Anthropometrie einsetzte, hat dies aber zumindest zu Beginn nichts zu tun; es ging vielmehr um eine fotografische Erfassung von Teilen der Gesellschaft, die niemals den Weg in ein Fotoatelier gesucht und vermutlich auch ihren Nachkommen kein Bild hinterlassen hätten. Ich will nicht nur ein Bild von dir haben, ich will dich haben oder habe dich bereits, das war die Botschaft dieser Art von Porträts, der man sich nicht entziehen konnte. Wenn man hinsichtlich der Identitätskonstruktion zwischen Selbst- und Fremdzuschreibungen unterscheidet, so haben wir es bei diesen Bildern mit Aufnahmen zu tun, die eine institutionelle Verfügungsgewalt nutzen, um Personen Identitäten zuzuschreiben. Anders als bei den Porträtaufnahmen, die Kund*innen in Studios anfertigen lassen, handelt es sich ausschließlich um Fremdzuschreibungen, die ein mögliches Selbstbild der Porträtierten strukturell ausblenden.

Die in Asylen, Kliniken oder auch Heimen angefertigten Aufnahmen wurden nur sehr selten veröffentlicht. Sie dienten dem internen Gebrauch und waren Teil einer Akte. Mitunter – etwa bei den vermeintlichen Straßenkindern der christlichen Mission von Thomas John Barnardo im London der 1870er und 1880er Jahre – nutzte man sie darüber hinaus zu Werbezwecken.

Diese Praxis wurde aber bereits damals nicht zuletzt deshalb kritisiert, weil man die Aufnahmen, die von den angeblichen Waisenkindern auf der Straße als Karten verkauft wurden, als inszeniert ansah. Das Elend der Straßenkinder sollte seitens der auf finanzielle Unterstützung angewiesenen Wohlfahrtsorgani-

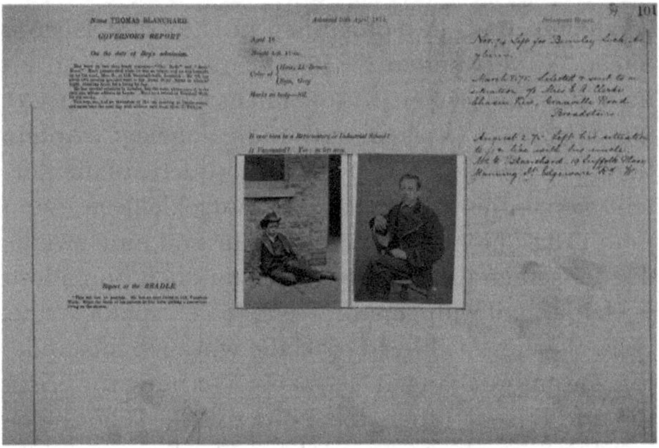

Abb. 6:
Blatt aus dem Archiv von Dr. Barnardo, 1873–1875

sation nachgerade ausgestellt werden, um das Spendenaufkommen von barmherzigen Bürger*innen zu steigern. Deren Großherzigkeit wurde aber auf die Probe gestellt, als sich einige Familien der dank der Fotografien wiedererkannten Kinder meldeten und eine andere Geschichte erzählten, die mit jener der Heime wenig zu tun hatte. Die Verwandlung eines Jungen, für dessen Versorgung seine Familie nicht aufkommen konnte und der deshalb in die Obhut eines Heims gegeben worden war, in ein exemplarisches Straßen- und vermeintliches Waisenkind mit zerlumpter Kleidung und zerrissenen Hosen, die man eigens mit einem Federmesser traktiert hatte, führte zu einer öffentlichen Diskussion und zu einem Prozess. Dr. Barnardo versprach daraufhin, künftig auf gestellte Aufnahmen zu verzichten und die Fotografien nur für die „History Sheets" zu verwenden, die in seinen Heimen wie in einem psychiatrischen Krankenhaus oder einem Gefängnis für die Insassen aufwendig angelegt wurden. In den Heimen von Dr. Barnardo wurden auf die Karteikarten immer zwei Fotografien aufgeklebt: eine zum Zeitpunkt der Aufnahme ins Heim und eine zweite, die denselben Jungen – selbstverständlich nun adrett gekleidet und wohlgenährt – einige Zeit später zeigte. Diese Vorher-nachher-Logik, die wir auch aus anderen Zusammenhängen – etwa der Werbung für Frisuren und Friseur*innen, Magerkuren oder Schönheitsoperationen – kennen und die an der fotografisch fixierten und verbürgten Identität des Dargestellten hängt und aus dieser ihre visuelle Evidenz bezieht, zeigt deutlich, dass wir es in erster Linie nicht mit sozialdokumentarischen Fotos zu tun haben, sondern mit Aufnahmen, die für Werbekampagnen angefertigt wurden. Und es gilt hinzuzufügen: Sie haben ihr Ziel erreicht. Doktor Barnardo nahm Hunderttausende Pfund als Spenden ein.

Solche Porträtaufnahmen fungierten als ein offenbar so bedeutsam angesehener Teil einer Akte, dass keine Kosten und Mühen gescheut wurden, mitunter eigene Studios einzurichten, um sie anzufertigen. Nicht wenige Kliniken und Heime verfügten über eine eigene Fotostelle, in der auch gleich die Abzüge angefertigt wurden. Diese Praxis sollte lange Bestand haben und findet sich durchaus noch heute. Als Robert Walser 1933 in die Heil- und Pflegeanstalt Herisau eingewiesen wurde, fertigte man Porträtfotos von ihm an,

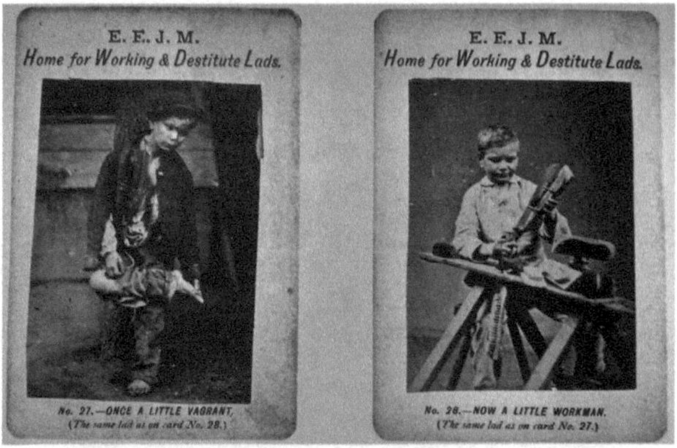

Abb. 7:
Werbekarten von Dr. Barnardo, um 1875

die nun, fast einhundert Jahre später, neben den während der Spaziergänge mit Carl Seelig entstandenen Bildern zu den sehr wenigen überlieferten fotografischen Bildnissen von ihm zählen. Die Krankenakte trägt eine Nummer: Es handelt sich um den Patienten Nr. 3561.

Ein Mensch, eine Fotografie, eine Akte, – das ist die Trias der klinischen Fotografie. Der Mensch wurde zum Fall, dessen Dokumentation auch dann in den Institutionen verblieb, wenn die Patient*innen geheilt entlassen wurden oder starben. Er wurde Teil eines Archivs, das noch heute, wenn man die Fotos anschaut, die berührende Verlorenheit der Blicke überliefert.

Durchgeführt wurde eine umfängliche und zunehmend möglichst komplette fotografische Erfassung,

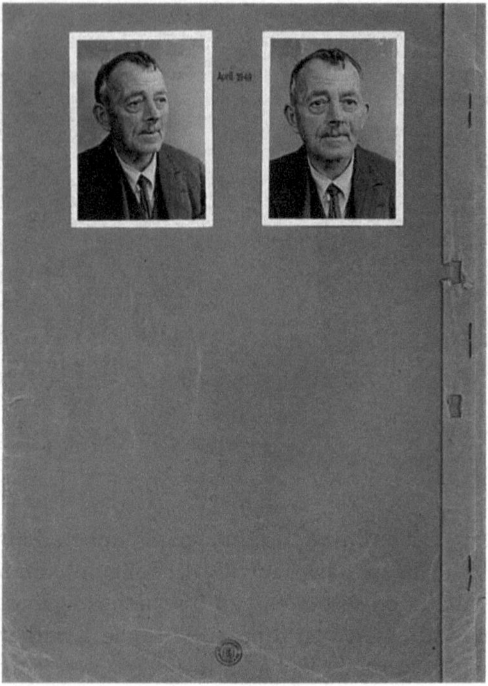

Abb. 8:
Patientenakte von Robert Walser in der Heil- und Pflegeanstalt Herisau

die nicht zuletzt auch zum Ziel hatte, eine Identität feststellbar zu machen, wenn etwa einer der Jugendlichen aus den Heimen straffällig oder ein Gefängnisinsasse rückfällig geworden war. Die Fotografie steht im Dienst einer visuellen Biopolitik, die in einem ersten Schritt bestimmte gesellschaftliche Randgruppen (Kranke, Straffällige, Straßenkinder etc.) in den Blick nahm, um dann in einem zweiten Schritt bei all jenen, die als diesen zugehörig angesehen wurden, die Identität festzustellen.

An einigen Orten zielten die angefertigten Aufnahmen dann auch auf eine konkrete Verwendung, die aus der individuellen Geschichte einen übertragbaren, exemplarischen Fall zu machen suchte: Aus der persönlichen Krankheit wurde eine Fallgeschichte, bei der es nicht länger auf die individuelle Ausprägung, sondern vielmehr auf ihre Exemplarität ankam. Auch Amateurfotografen, wie etwa der Psychiater Hugh Welch Diamond, der in den 1850er Jahren Leiter des Surrey County Lunatic Asylum im englischen Tooting war, nahmen mitunter ihre Patient*innen in diesem Sinne auf.

Diamond, der neben seinem Arztberuf Herausgeber einer der ersten englischen Fotozeitschriften war und hier die noch im Entstehen begriffenen neuen fotografischen Techniken einem im Wortsinn klinischen Praxistest unterzog, wollte die Bilder – ähnlich wie dann wenige Jahre später auch Jean-Martin Charcot mit seiner eigens eingerichteten fotografischen Abteilung an der Salpêtrière in Paris – für die klinische Diagnostik verwenden. Das Portrait einer Patientin oder eines Patienten konnte sich so mitunter in eine Illus-

Abb. 9:
Hugh Welch Diamond, Patentin des Surrey County Lunatic Asylum, 1850er Jahre

tration unter vielen in einem Atlas der klinischen Diagnostik verwandeln, in dem der Name verschwand und die konkrete Geschichte zum Beispiel einer typologischen Kasuistik wurde. Aus Madame X wurde *die* Hysterikerin und aus Monsieur X *der* Epileptiker.

Diese Doppelgestalt der Personenfotografie zwischen Feststellung der Identität und Konstruktion von Typen ist charakteristisch für eine mit Verfahren der Fremdzuschreibung operierende fotografische Identitätspolitik des 19. Jahrhunderts. Ein vielgestaltiges Individuum, das im Alltag zum Teil sehr unterschiedliche Rollen einnimmt, wird auf eine bestimmte Identität festgelegt, die entweder auf den Einzelnen als singulären Fall oder aber auf seine übertragbare Exemplarität zielt. Akte oder Atlas, das waren die beiden wichtigsten Distributionsformen und Verwendungsweisen dieser Aufnahmen. Auf der einen Seite geht es um das Festhalten der Identität einer Person anhand eines begrenzten, vorgegebenen Sets von Informationen, auf der anderen um die Modellierung eines Typus, der von individuellen Zügen abstrahiert und auf fotografisch wiedererkennbare Eigenschaften einer bestimmten Gruppe zielt. Auf der einen Seite steht ein Name (oder mitunter auch eine Nummer) für das bezeichnete Individuum, auf der anderen jener einer Krankheit, einer gesellschaftlichen Randgruppe oder, wie wir sehen werden, einer Variable X, die frei gewählt und gesetzt werden kann. Die einzelne Karteikarte und die Seite eines medizinischen Atlas wurden jeweils mit einer oder mehreren Porträtaufnahmen versehen, die aber unterschiedliche Anforderungen zu erfüllen hatten und daher unterschiedlichen Regeln gehorchten. Bei den Personenakten kam es auf die individuelle Wiedererkennbarkeit und Identifizierbarkeit an, bei den Schautafeln auf die Übertragbarkeit von bestimmten Aspekten, die dementsprechend hervorgehoben und in Szene gesetzt wurden. Bei der Akte geht es um ein Individuum, beim Atlas um einen Typus.

Beide Tendenzen finden sich, wie gesehen, bereits früh in der Geschichte der Fotografie, werden aber in den 1870er und 1880er Jahren nachjustiert und geschärft. Für die erste Strategie steht programmatisch der französische Kriminologe Alphonse Bertillon, der um 1880 ein Verfahren der anthropometrischen Personenidentifizierung entwickelte, das auf einer Kombination bestimmter Körpermaße beruhte, dann aber durch Fotografien *en face* und *en profil* ergänzt wurde. Die Aufnahme der Personalien wurde, wie wir es noch heute aus Kriminalfilmen wie etwa DIE ÜBLICHEN VERDÄCHTIGEN kennen und wie es auch – *in the real world* – bei der erkennungsdienstlichen Behandlung durch die Polizei selbst bei ehemaligen amerikanischen Präsidenten noch üblich ist, durch ein mehr oder weniger genormtes (überlieferte Akten zeigen hier eine verblüffende Variationsbreite und auch z.T. qualitativ vollkommen unzureichende Aufnahmen) fotografisches Portrait von vorne und ein zweites von der Seite ergänzt, die dann zumeist auf die jeweilen Akten geheftet wurden. Auf den von Bertillon entwickelten und dann als Vordrucke hergestellten Blankoformularen wurden weiterhin verschiedene Maße eingetragen, die aus einem Menschen ein Individuum machen. Es ist die Zeit des Indizienparadigmas, wie es Carlo Ginzburg genannt, ja gewissermaßen entdeckt hat, in der über die Verkettung von Details, die wie Zeichen gelesen werden, Identitäten festgestellt und Schlüsse gezogen werden können. Bei Ginzburg sind die Protagonisten Sherlock Holmes, Sigmund Freud und der heute weniger bekannte Kunsthistoriker Giovanni Morelli, der dank einer vergleichenden Untersuchung der Darstellung von Partialobjekten wie Händen, Ohren, Lippen oder Fingernägeln in Gemälden Rückschlüsse auf ihre Urheberschaft zog. Körperteile dieser Art nutzt auch Alphonse Bertillon, um mittels einer Kombination von verschiedenen physiognomischen Charakteristika die erhaltenen Informationen mit jenen der Datenbank so verknüpfen zu können, dass selbst ein Delinquent, der sich stark verändert hatte, zweifelsfrei zu identifizieren war. Festgehalten wurden insgesamt elf Körpermaße, die dann eine Zahlenreihe ergaben, die in der Kombination der einzelnen Ziffern nur für eine Person zuträfe: die Körperlänge, Armspannweite und Sitzhöhe, die Kopflänge und -breite, die Länge und Breite des rechten Ohrs sowie die Längen des linken Fußes, des linken Unterarmes und des kleinen und des Mittelfingers der linken Hand. Darüber hinaus wurden die Polizist*innen in der Kunst der filigranen Beschreibung geschult. Auch diese Informationen wurden festgehalten, dienten aber nicht dem Auffinden der individuellen Karte im sich schnell füllenden Archiv, sondern der konkreten Fahndung. Bertillon nannte das *portrait parlé* („sprechendes/gesprochenes Portrait"). Anhand weiterer Merkmale wie u.a. Ohren-

und Nasenformen, Hautfalten und Gesichtsformen sowie besonderer Kennzeichen wie Tätowierungen oder Narben sollte man ein Gedächtnisbild der Gesuchten erstellen, das selbst bei mutwilligen Veränderungen seitens der Delinquenten ihre Identifikation ermöglichen könne.

Morelli und Bertillon setzen beide auf Partialobjekte, die als Zeichen fungieren. Während aber Morelli auf einen unverwechselbaren Stil schließt, der sich in Details motivisch extrem unterschiedlicher Bilder unverkennbar äußere, zielt Bertillon auf ein Individuum. Bertillon nannte sein Verfahren „anthropometrisches Signalement", für dessen Schulung er fotografische Schautafeln zusammenstellte, die Tableaus von physiognomischen Details zeigten. Man sah u.a. eine Tafel voller Ohren und sollte Unterschiede ihrer Formen erkennen und diese sich dann einprägen. Fotografien gehörten zu einer jeden Akte notwendig mit dazu. Die standardisierten und vergleichbaren Personalien der Festgenommenen wurden in dieser dann mit einer konkreten Fallgeschichte versehen.

Bei Bertillon zielt allerdings das Festhalten der unverwechselbaren persönlichen, individuellen Züge nicht auf den Versuch, mittels der Bilder auch allgemeine Charakteristika von bestimmten Typen zu identifizieren. Man sammelt nicht viele Fotos von Bankräubern oder Dieben, um *den* Bankräuber oder *den* Dieb auszumachen, sondern um inmitten von Abertausenden Bildern genau *diesen* Bankräuber und Dieb zu identifizieren und dann zu schauen, ob er delinquent geworden ist, das kriminelle Metier gewechselt hat

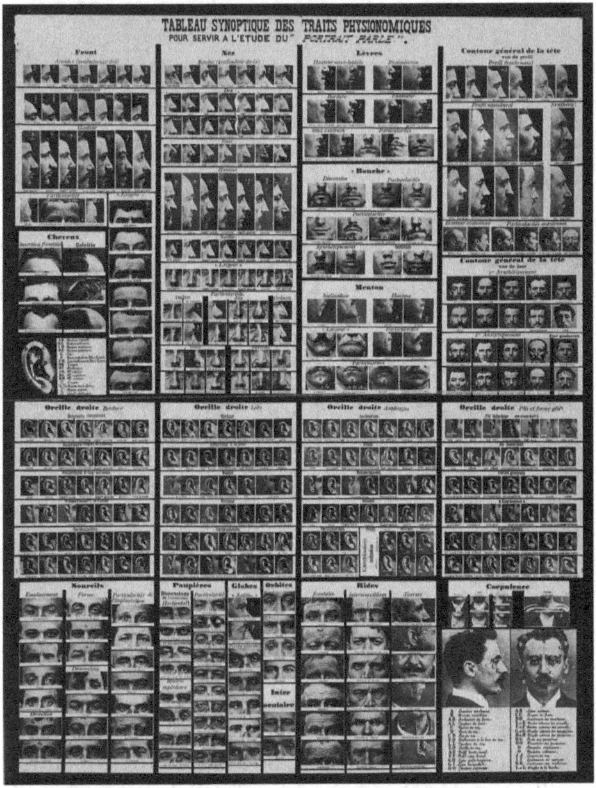

Abb. 10.1:
Alphonse Bertillon, „Tableau synoptic des traits physionomiques: pour servir a l'étude du ‚portrait parlé'", ca. 1909

Abb. 10.2:
Alphonse Bertillon, anthropometrische Karte vom 11. Juli 1894

oder versucht hat, seine Erscheinung zu verändern. Die Feststellung der Identität und die Identifikation von Typen sind Strategien, die gänzlich unterschiedliche Ziele verfolgen und parallel zueinander verlaufen. Voraussetzung von beiden ist aber das massenhafte Aufkommen von Porträtfotografien, das beide noch weiter befördern.

Bereits Bertillon sah die Porträtfotografie für sich genommen als ein wenig verlässliches Instrument an, da sich das Aussehen einer Person stark verändern konnte und das zum Teil auch gezielt geschah, etwa durch neue Frisuren, einen Bart oder eine Perücke, eine ab- oder zunehmende Leibesfülle oder auch absichtlich oder unabsichtlich zugefügte Verletzungen. Erst durch die ergänzenden anthropometrischen Angaben konnte die Identität einer Person zweifelsfrei festgestellt und ggf. mit den bereits vorhandenen Akten abgeglichen werden. Eigentlich hätte es die Fotografien nicht mehr gebraucht, da die Zahlenreihe der erfassten Merkmale für das Auffinden der Karte und somit der zweifelsfreien Identifikation entscheidend war. Dennoch arbeitete auch Bertillon bei seinem *portrait parlé* konsequent weiter mit Fotografien und führte mit diesen die Schulungen der Polizisten durch. Doch um die Fotografien nutzbar zu machen, brauchte es Verfahren der Objektivierung. Sie wurden strengen Regeln unterworfen, die sie erst vergleichbar machten. Bertillon und die Mitarbeiter*innen seiner „signaletischen Registratur" gaben daher Normen für die Art und Weise vor, wie die Fotografien anzufertigen waren, und entwickelten eigens Apparaturen, bei denen bestimmte Voreinstellungen, wie etwa eine identische Distanz oder Haltung des Kopfes, automatisch vorgegeben waren. Die Bertillonage, wie man sein Verfahren nannte, war allerdings nur relativ kurze Zeit in Gebrauch. In Frankreich wurde sie kurz nach Bertillons Tod 1914 aufgegeben, in den USA bereits vorher. Es wurde dann durch die Daktyloskopie, sprich die Verwendung von Fingerabdrücken, erst ergänzt und dann ersetzt. Anstelle der anthropometrischen Angaben finden sich fortan auf den

Formularen zwei Sätze von Fingerabdrücken der beiden Hände. Aber die Fotografien *en face et en profil* durften auch hier weiterhin nicht fehlen, selbst wenn sie von Anfang an ermittlungstechnisch wie forensisch eigentlich nicht von zentraler Bedeutung waren. Das zeigen nicht zuletzt die jüngst entstandenen *Mug Shots* von Donald Trump und seinen Mitangeklagten. Man hat sie angefertigt, weil das so üblich ist, nicht aber weil es für die Ermittlungen wichtig wäre. In Amerika sind diese *Mug Shots* öffentlich. Ältere, ausgesonderte kann man durchaus auf Flohmärkten kaufen und jene von Donald Trump als T-Shirt.

Die Fotografien *en face et en profil* hatten sich gleichwohl immer dann als Darstellungsnormen durchgesetzt, wenn man Vergleiche anstrebte. Ausschlaggebend für diese doppelte Ansicht war die im Vergleich zu in der Porträtfotografie dominierenden Halbprofilbilder vergleichsweise einfach zu bewerkstelligenden Ähnlichkeit der jeweiligen Aufnahmeformen. Die Festlegung der zu beachtenden Normen sollte dann die spätere Vergleichbarkeit der Fotografien gewährleisten. Fotografien – das zeigen nicht zuletzt Polizeiakten – sind jedoch eigentlich gänzlich untauglich, wenn es darum geht, die Identität einer Person zweifelsfrei festzustellen. Trotzdem sind sie immer dann omnipräsent, wenn es um Erfassung geht.

Wir haben es mit einem fotografisch-skopischen Regime zu tun, das sich historisch etabliert hat. Die spezifischen Regeln und Normen wurden in den unterschiedlichen epistemischen und politischen Feldern jeweils neu justiert. Die Verfahren der Anthropome-

Abb. II.1, II.2:
Amerikanische *Mug Shots*, 20. Jh.

trie waren etwa, wiederum kombiniert mit der doppelten fotografischen Erfassung von vorne und von der Seite, neben der Kriminologie auch in der Anthropologie weltweit im Einsatz. Bereits in Carl Dammanns *Anthropologisch-Ethnographischem Album in Photographien* von 1873/74 finden sich in Tableaus arrangierte Porträtaufnahmen *en face et en profil* von diversen Kontinenten, die dann von Gustav Theodor Fritsch in strengere und fortan gemeinhin gültige Regeln gebracht wurden, die bis weit hinein ins 20. Jahrhundert von der anthropologischen Fotografie befolgt wurden.

Erst mit dem Aufkommen der teilnehmenden Beobachtung verschieben sich die Paradigmen. Auch der Film kommt als neues Medium hinzu und wird gerade für die Dokumentation von Alltagsszenen, Herstellungsprozessen oder auch Feiern etc. breit eingesetzt. Die Kampagnen des 19. und frühen 20. Jahrhunderts sahen da noch gänzlich anders aus. Damals wurden ethnografische Darstellungen, die das alltägliche Leben zeigten, konsequent durch physiognomische Aufnahmen ersetzt. Deren Ziel war es, eine Vergleichbarkeit der Dargestellten auch dann zu ermöglichen, wenn man nur noch über die fotografischen Aufzeichnungen verfügte. Subjektiv eingefärbte Ansichten sollten durch vermeintlich objektive ersetzt werden. Daher wurden Bilder, die die Porträtierten *in situ* in ihrem normalen Umfeld zeigten, durch solche mit einem neutralen Hintergrund ersetzt. Oft wurde zudem gleich ein Maßstab, sprich ein Metermaß, mit ins Bild genommen. Die individuelle dargestellte Person war, das zeigte dieses Verfahren in hinreichender Deutlich-

Abb. 12:
Carl Dammann, Seite aus seinem *Anthropologisch-Ethnographischem Album in Photographien*, 1873/74

keit, ohne Bedeutung. Es ging einzig um ihre Maße, die stellvertretend für einen „Typus“, einen „~~Stamm~~“, eine „~~Rasse~~“ etc. stand. Daher sucht man bei den Beschriftungen dieser Bildsammlungen den persönlichen Namen der Porträtierten zumeist vergeblich. Man liest stattdessen: „Maori-Mädchen“, „Samoa“, „Armenier aus guter Familie“ oder „S.[outh] Australien Man“ oder „... Woman“. Zu dieser weltweiten Erfassung trat die Kraniometrie, eine systematische Schädelvermessung, die bis weit hinein ins 20. Jahrhundert praktiziert wurde. Zum Typus gesellte sich die ~~Rasse~~: Beide sollten mithilfe der Fotografien festgestellt, festgehalten und der vergleichenden Forschung zur Verfügung gestellt werden. Diese sollte nicht zuletzt den Unterschied der Dargestellten zu Europäer*innen augenfällig machen. Fotografien dienten einem medialen *Othering*, das die Andersartigkeit der Porträtierten nachgerade hervorbrachte. Solche Verfahren der Fremdzuschreibung löschten zugleich die konkrete Geschichte der Aufgenommenen aus, da die Fotografien zumeist die Bestimmung hatten, allgemeine, vermeintlich überzeitliche Identitäten ansichtig zu machen.

Die Indienstnahme der Fotografie zur Konstruktion und Identifikation von Typen wurde in den 1880er Jahren schließlich insbesondere von Francis Galton vorangetrieben. Er war ein Cousin Charles Darwins, vor allem aber der wohl wichtigste Vertreter des Sozialdarwinismus im 19. Jahrhundert und Mitbegründer und Verfechter der Eugenik. Es war Galton, der Anfang der 1880er Jahre erstmals die Bezeichnung „Eugenik" verwendete. Galton übertrug darüber hinaus Verfahren der Statistik, die er ebenfalls wissenschaftlich weiterentwickelte, auf die Fotografie und erfand die sogenannte Kompositfotografie. Diese ist eine Art von visueller Propagandamaschine, die einer dezidierten Bildpolitik folgt. Sie kann zudem synchron und diachron eingesetzt werden. Auf der einen Seite kann man anhand der nach strengen Regeln angefertigten Aufnahmen vermeintlich die Zugehörigkeit eines Individuums zu einem Typus erkennen, andererseits bei Bedarf aber auch eine Vererbungsfolge, als deren Teil der Dargestellte inszeniert wird. Man braucht nur jeweils eine größere Anzahl von Bildern, bevorzugt Fotografien, da diese vermeintlich Objektivität verbürgen. Galton verwendete dabei durchweg Frontalansichten, die bei gemalten und fotografierten Porträts damals eher unüblich waren, und achtete besonders darauf, dass die Augen immer an derselben Stelle im Bild lokalisiert waren: ein Blickwechsel der besonderen Art.

Genealogie und Typologie erscheinen in den Kompositfotos in Gestalt von vorgeblich „natürlichen“ Bildern, die in den Augen von Galton wissenschaftliche Objektivität beanspruchen. Zahllose Anwendungsfelder eröffnen sich: ~~Rassen~~ (wobei der „Jewish Boy“ bei Galton gleich eine der ersten Kategorien ist), Typen innerhalb einer ~~Rasse~~ („Criminal and Phthisical subjects“ [„Kriminelle und schwindsüchtige Subjekte“]), historische Personen, deren Aussehen man nicht kennt (z.B. Cleopatra), aber auch Ahnen, Züchtungen und andere Formen von visualisierbaren Mittelwerten ließen sich bestimmen. Die Kompositfotografie versteht sich als technisches und vermeintlich objektives Verfahren, um die verschiedenen, zumeist biologischen, Zugehörigkeiten, der sich nach Galton jede Individualität verdankt, abbildbar und so sichtbar zu machen. Das Individuum hatte zugunsten des Allgemeinen zurückzutreten, der ~~Rasse~~ war der Vorzug zu geben, und bereits das Leben des Einzelnen sei, so orakelte Galton, weit mehr von seinen Vorfahren bestimmt als von ihm selbst.

Doch wie genau sieht eine Kompositfotografie aus und wie entsteht sie? Francis Galton hat das Verfahren mehrfach anschaulich beschrieben. Es ist letztlich

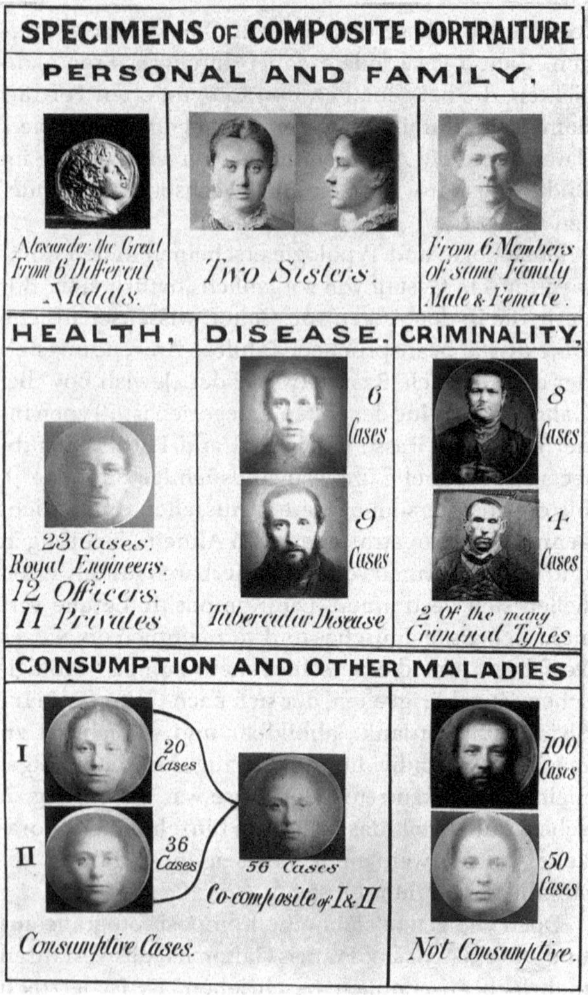
SPECIMENS OF COMPOSITE PORTRAITURE
PERSONAL AND FAMILY.
Alexander the Great From 6 Different Medals.
Two Sisters.
From 6 Members of same Family Male & Female.
HEALTH.
DISEASE.
CRIMINALITY.
23 Cases. Royal Engineers. 12 Officers. 11 Privates
6 Cases
9 Cases
Tubercular Disease
8 Cases
4 Cases
2 Of the many Criminal Types
CONSUMPTION AND OTHER MALADIES
I
II
20 Cases
36 Cases
56 Cases
Co-composite of I & II
Consumptive Cases.
100 Cases
50 Cases
Not Consumptive.

PLATE XXXIV

Composites of Phthisical and Non-phthisical Hospital Populations.

Abb. 13:
Francis Galton, Frontispiz von *Inquiries into Human Faculty and Its Development*, London 1883

Abb. 14:
Francis Galton, „Composites of Phthisical and Non-phthisical Hospital Population"

technisch unaufwendig und konnte leicht übernommen und auf andere Gegenstände wie Schädel, Münzen mit geprägten Köpfen (etwa Alexander der Große) oder historischen Gemälden (z.B. von Shakespeare) appliziert werden. Als Erstes sammelte er fotografische Porträts verschiedener Personen, die alle in gleicher Weise und bei ähnlichen Bedingungen aufgenommen worden waren. Die Porträts sollten dabei eine identische Größe aufweisen oder wurden mit einer Schere in eine solche gebracht. Sie wurden dann nacheinander abfotografiert und zwar in Form einer Mehrfachbelichtung derselben fotosensiblen Platte. Die Belichtungszeit wurde dabei durch die Anzahl der Einzelbilder geteilt. Waren es etwa zehn Bilder mit einer gesamten Belichtungszeit von einer Sekunde, so wurden die einzelnen Aufnahmen jeweils eine Zehntelsekunde belichtet. Am Ende ergab sich dann ein einzelnes Bild, das Galton als visuellen Mittelwert der Abgebildeten vorstellte, als den Typus der ausgewählten Gruppe, die man frei wählen konnte. Man musste nur die Auswahl der Fotografien entsprechend treffen und sammelte dann Bilder von X, Y oder Z, von Verwandten oder Wahlverwandten. Galton hatte dabei allerdings vor allem ~~Rassen~~, Kranke oder Kriminelle im Sinn. Ihm dienten die Kompositfotografien als Mittel der Detektion und der gesellschaftlichen Exklusion. Auch wenn es ihm scheinbar um Typen aus der Mitte der Gesellschaft ging, zielte er auf ein *Othering*, das Normen und Durchschnittswerte als Indikatoren eines zu vollziehenden Ausschlusses einsetzte. Spielerischer veranlagte (oder vielleicht auch schlicht humorvol-

Abb. 15:
Henry Pickering Bowditch, „Twelve Boston physicians and their composite portrait“, 1892, Harvard Medical Library

lere) Fotografen als Galton ermittelten hingegen z.B. den Typus des Bostoner Arztes, indem einfach einige zu einem bestimmten Zeitpunkt in Harvard tätigen Mediziner (Frauen waren erwartungsgemäß damals nicht darunter) nacheinander aufgenommen wurden.

Anthropologen blendeten ihrerseits, wieder deutlich näher an Galtons Absichten in der Entwicklung der Kompositfotografie, Fotos von Schädeln der Sioux übereinander, um einen Typus *des* Sioux im Allgemeinen mittels des Besonderen zu ermitteln.

Wir haben es bei der Kompositfotografie mit einem einfachen Verfahren mit starker ideologischer Wirkung zu tun: Das Bild folgt hier einer Idee, die zur Anschauung wird. Die Mehrfachbelichtungen sind visuelle Experimentalanordnungen, die Erscheinungen planbar machen. Bei ihnen wie auch bei der Statistik hat das Individuum, das Subjekt, zugunsten der allgemeinen, sich nun allerdings erst zeigenden Wahrheit zu verschwinden, wie Galton auch unmissverständlich anmerkt: Der Begriff „Individualität" sei, so notiert er in seinem Buch *Inquiries into Human Faculty and Its Development*, ein überaus irreführendes Wort. Das Individuum gilt es aufzugeben, zu transzendieren, um eine überzeitliche Erscheinungsform aufzuzeigen. Für Galton ist diese zwar gegeben, muss aber gleichwohl überhaupt erst sichtbar gemacht werden. Dafür tritt dann die Fotografie auf den Plan. Typenfotografie lässt sich rückblickend als bewusste visuelle Konstruktion beschreiben, die ein Verfahren, das sich als wissenschaftliche Experimentalanordnung versteht, für die Visualisierung beliebiger Typen verwenden konnte. Es war eine Art visuelle Statistik, die bei im Prinzip beliebig großen Gruppen Mittelwerte in Anschauungsformen übersetzen konnte. Anders als echte Statistik erzeugt sie aber gerade keine Zahlen, mit denen man rechnen kann, sondern nur unscharfe Bilder. Doch auch diese haben den Anspruch, Wahrheitsfiguren zu sein. Hinter der scheinbaren Kontingenz der Wirklichkeit erscheint etwas Allgemeines, Umfassendes, Einschließendes. Mittels der Bilder könne jene wirkmächtige Identität ermittelt werden, die das Leben eines jeden Einzelnen präge. Bei Galton finden wir bereits eine konservative Identitätspolitik ausgeprägt, die in diversen Spielformen bis heute überdauert hat. In dieser Deutung erfährt sich das Individuum hineingeworfen in eine Welt, die es nicht nur überwölbt, sondern deren Regeln, Traditionen und Werte den Einzelnen bis ins Detail bestimmen.

Im Laufe des 19. Jahrhunderts und mit zunehmender Verbreitung der Fotografie finden sich allerdings nicht nur Verfahren der Fremdzuschreibung von Identität, wenn es um Porträtaufnahmen geht, sondern auch solche, bei denen Personen mit diversen Rollen spielen können und so unterschiedliche Selbstzuschreibungen zu Lichtbildern werden. Mit anderen Worten: Die Fotografie war bereits früh zugleich Medium der Festschreibung von Identität *und* des Spiels mit ihr. So finden sich auch in jenem Jahrhundert, das Rassismus und Kolonialismus in Theorie und Praxis auf die Agenda gesetzt hat, queere Bilder *avant la lettre*.

Das Medium, in dem sich solche visuellen Rollenspiele mit Selbstzuschreibungen unterschiedlicher

Identitäten vor allem abspielten, waren Carte-de-Visite-Fotos. In der Zeit, als Galton sein Verfahren der Kompositfotografie entwickelte, war die Hochzeit der Carte-de-Visite-Fotografie zwar längst vorüber, das Anlegen von Fotoalben hingegen bereits eine gängige Praxis eines jeden bürgerlichen Haushalts. Dank rationellerer Herstellungsverfahren durch eine Nutzung derselben Negativplatte für mehrere unterschiedliche Porträts, die dann gleichzeitig abgezogen werden konnten, war es seit Ende der 1850er Jahre möglich, kostengünstige Porträts auf den Markt zu bringen und diesen regelrecht zu überfluten. In dieser Zeit entstanden die sogenannten „Cartes de Visite“. In London boten sogar Straßenfotografen für wenige Cents ein fotografisches *likeness* an, das noch vor Ort angefertigt wurde. In allen großen Städten entstanden binnen kürzester Zeit zahlreiche Porträtstudios, die sich mit ihren oft opulent eingerichteten Ateliers zumeist im pulsierenden ökonomischen Zentrum ansiedelten. In London war das etwa die Regent Street, in Paris die im Zuge der Haussmannisierung neu entstandenen Grands Boulevards. Wenn man die Frage nach fotografischen Bildpolitiken der Identität im 19. Jahrhundert stellt, so war es vor allem diese neu aufkommende Bildindustrie, auf die das Gros der Produktion von Porträts entfiel und die daher keineswegs außer Betracht gelassen werden darf, auch wenn ihr identitätspolitischer Gehalt weniger einfach zu fassen ist als bei der Bertillonage oder der Kompositfotografie. Die Carte-de-Visite-Aufnahmen waren nämlich keineswegs rein private Bilder, sondern veränderten nachhaltig den Bildraum der Öffentlichkeit.

Bereits beim Besuch eines Ateliers bekamen die Kund*innen Vorbilder präsentiert. In der Empfangshalle lagen Alben mit Vergleichsbildern und an den Wänden hingen besonders gelungene Porträts. Beides diente zur Orientierung hinsichtlich der nun anstehenden eigenen Porträtserie: zum einen verschiedene Modelle der eigenen Selbstinszenierung samt gemalten Hintergründen, Draperien und Staffageelementen und zum anderen berühmte Zeitgenoss*innen, die sich bereits in diesem Studio hatten aufnehmen lassen und deren Bilder dort auch käuflich zu erwerben waren. Anhand dieser Vorbilder setzten sich dann die Kund*innen in Szene und erwarben schließlich eine bestimmte Anzahl von Abzügen, die eben nicht nur für das heimische Album bestimmt waren, sondern auch Briefen beigelegt und als Gastgeschenke mitgebracht wurden. Anhand der über die Archive der Studios überlieferten unbeschnittenen Negative, die mehrere Posen der einzelnen Porträtsitzungen zeigten, kann man gut sehen, dass die Kund*innen trotz des technisch notwendigen wie inszenatorisch durch die Vorlagen gegebenen unübersehbaren Normendrucks mit ihrer eigenen Erscheinung spielten und verschiedene Rollen ausprobierten. Nicht zuletzt die serielle Produktion, bei der ein und dieselbe Platte für mehrere Porträts nacheinander verwendet wurde, regte ein Spiel mit Differenzen an. Man wollte die Platte mit unterschiedlichen Bildern ausnutzen, um am Ende aus diesen das beste auswählen zu können: das Fotoshooting im 19. Jahrhundert. Selbst ein Prinz konnte sich da mal vor der Kamera ausziehen. (Vgl. Abb. 16)

Heute erscheinen uns diese Millionen von Carte-de-Visite-Portraits, die seit Ende der 1850er Jahre weltweit entstanden, wie eine Sintflut immergleicher Bilder, deren ermüdende und beharrliche Stereotypie die Dargestellten ihrer Individualität beraubt. Das ist – aus der Ferne betrachtet – der Part der Norm, der, wenn man ihn genauer anschaut, allerdings ein Pendant hat: das Spiel mit ihm. Norm und Spiel gehen Hand in Hand und Erstere ist – paradox genug – die Ermöglichungsbedingung von Letzterer. Inmitten der Millionen von Porträts will man ähnlich und doch anders sein. Die subtilen Distinktionen regieren auch hier. Wir wohnen einem Spiel mit verschiedenen visuellen Identitäten bei, das das Studio in eine Theaterbühne verwandelt. Es sind Selbstzuschreibungen, die immer schon auf bestimmte Rollen reagieren und sie dann übernehmen oder ironisieren, ablehnen oder neu ausbuchstabieren. Das geschah alles in einem Reich, in dem gesellschaftliche Spielregeln und normierte Vorgaben regierten. Die Porträts hatten nämlich damals durchweg nur sehr wenige identische Formate, die bereits früh als Produktionsnormen festgesetzt wurden und spätestens mit Einführung der Alben, die in der Regel nur zwei Bildgrößen vorsahen, zur dauerhaften Vorgabe wurden. Dieses riesige Reich ähnlicher Bilder zielte aber – und das ist für uns heute im Zeitalter von Social Media durchaus nachvollziehbar – auf die feinen Unterschiede, auf Distinktion *und* Identität und das gleich in doppelter Hinsicht: seitens der Ateliers, aber auch für ihre Kundschaft oder, abstrakter formuliert, sowohl auf der Seite der Produktion als auch auf

Abb. 16:
André-Adolphe-Eugène Disdéri, Prinz Lobkowitz, 1858

der Rezeption. Innerhalb dieses festgelegten Reichs der visuellen Normen galt es nämlich auch für die einzelnen Studios eine eigene, unverwechselbare Identität zu finden. Jedes Atelier versuchte sich von den anderen zu unterscheiden: durch den Luxus seiner Einrichtung, den Kundenstamm, durch den Aufdruck auf der Vorder- und Rückseite der ansonsten normierten Cartes de Visite, durch die Requisiten und Inszenierungspraktiken und nicht zuletzt durch die Werbung. Die Porträtierten sollten sich zu Hause fühlen: in ihrer Klasse, ihrem Umfeld, neben von ihnen bewunderten Zeitgenoss*innen und in einem Bilderkosmos, der

Orientierung versprach. In den Fotoateliers wurde das Feld der sozialen Regeln erkundet und ausgestellt, definiert, wer dazugehört und wichtig war, und zugleich der Marktwert der Prominenten ausgelotet. Ein jedes Studio wandte sich an eine bestimmte gesellschaftliche Gruppe. In Paris stand etwa Disdéri für eine konservative Ausrichtung, Nadar hingegen für eine künstlerisch-liberale. Im Eingangsbereich bekam man daher entweder Napoleon samt Familie, diverse Generäle und Minister oder eben Künstler*innen und Schriftsteller*innen präsentiert. Die Carte-de-Visite-Aufnahmen waren für Zeitgenoss*innen Verfahren visueller gesellschaftlicher Distinktion. Man konnte an ihnen Gruppen und Überzeugungen, Zugehörigkeiten und Klassenunterschiede ablesen. Sag mir, wer dich fotografiert hat und wie er es getan hat, und ich sage dir, wer du in den Augen der Gesellschaft bist.

Diese von Studios angefertigten Porträtaufnahmen, die von diversen Galeriepublikationen mit Fotos prominenter Zeitgenossen, zu denen damals nur wenige Frauen zählten, begleitet wurden, markieren so ein drittes Modell der fotografischen Identitätspolitik. Zur Feststellung der Identität und der Konstruktion von Typen tritt die Strategie der gesellschaftlichen Distinktion und der sozialen Lesbarkeit hinzu. Verfahren der Fremdzuschreibung werden mithin durch solche der Selbstdefinition ergänzt. Die Art und Weise, wie man sich aufnehmen ließ, und die Wahlverwandtschaft mit den ansonsten im Studio erworbenen Bilder, die nicht selten Einzug in das Familienalbum hielten, in dem dann Napoleon III. oder Victor Hugo, Richard Wagner oder Jacques Offenbach ihren Platz neben dem Portrait des Großvaters fanden, macht deutlich, zu welcher gesellschaftlichen Gruppe man gehören wollte. Und das geschah im Lichte der Öffentlichkeit, da die Bilder und die Alben betrachtet werden wollten. Sie waren von Anfang an für andere Augen gedacht.

Um es noch einmal zusammenzufassen: Es ging bei den Porträtfotos nicht nur um lesbare Unterschiede der Studios, die jenen von heutigen Modemarken durchaus ähneln, sondern eben auch um verschiedene gesellschaftliche Rollen, die Kund*innen ganz bewusst ausprobierten. Man wählte seine Kleidung, die mitunter während einer Porträtsitzung auch teilweise abgelegt oder gewechselt wurde, brachte sich in Stellung, suchte Accessoires aus und nahm verschiedene Posen an. Man war Schauspieler*in der verschiedenen Rollen, die man in der Gesellschaft spielte oder auch nur spielen wollte, der Fotograf hingegen war der Regisseur: Es sind Identitäten im Plural, mit der ludischen Leichtigkeit des Wissens um das ironisch-ernste Spiel, das hier aufgeführt wird. Selbst- und Fremdzuschreibungen gehen hier Hand in Hand; doch die Beteiligten geraten nie in Versuchung, das gesellschaftliche Spiel als natürliches zu nehmen und somit bestimmte Identitäten zu fixieren.

Die Spielregeln konnte man dabei, wie wir aus einigen ungewöhnlichen Sammlungen wissen, durchaus weit ausreizen. Zwei Beispiele, eines aus Frankreich und das andere aus England, mögen genügen. Der französische Fotograf Pierre-Louis Pierson, der zusammen mit seinem Kompagnon Louis Frédéric Mayer in

Paris ein berühmtes Studio führte, in dem die Prominenz und das Bürgertum ein und aus ging, fertigte im Laufe der Jahre nicht weniger als 400 Porträts der Contessa di Castiglione an, die seinerzeit in der Pariser Gesellschaft im Allgemeinen und jener am Hof im Besonderen eine echte Erscheinung war. Sie inszenierte jeden ihrer Auftritte dort ganz bewusst, ließ sich jedes Mal eigens neue Kleider schneidern und spielte mit ihrem Publikum, das ihr Kommen sehnsüchtig erwartete. Ihre Kleidung war dabei strategisch maßgeschneidert und sollte lesbar sein. Sie war – mit Zustimmung ihres Ehemannes – aus Italien nach Frankreich geschickt worden, um mit dem Kaiser ein Verhältnis anzufangen und ihn dann außenpolitisch der italienischen Sache gewogen zu machen. Ersteres gelang rasch und ohne größere Hindernisse; Letzteres war ungleich komplizierter, interessierte allerdings auch die Contessa di Castiglione offenbar dann selbst nicht mehr besonders. Sie arbeitete vielmehr mit großer Verve an ihrer Selbstinszenierung – und das mitunter durchaus in Gestalt von Vergleichen mit historischer Tiefe. Ihre Kleider spielten nicht nur damit, dass, wenn sie etwa in einem Herzdame-Kostüm erschien, die Anwesenden bereits wussten oder dann wissen sollten, dass sie die Geliebte des Kaisers war, sondern zitierten mitunter jene aus der Zeit von Marie Antoinette und Madame Pompadour, der Mätresse Ludwig XV., und riefen somit historische Parallelgeschichten auf. Da ein Ball zwar mitunter opulent, aber gleichwohl vergänglich, eine Fotografie hingegen auf Überlieferung angelegt ist, suchte die Castiglione den Fotografen ihres

Abb. 17.1 – 17.4:
Pierre-Louis Pierson, Aufnahmen der Contessa di Castiglione, 1860er Jahre

Vertrauens auf und ließ sich von ihm aufnehmen. Die über viele Jahre hinweg entstandene Serie von Porträts dokumentiert noch heute auf eindrückliche Weise das Spiel mit Identitäten. Die Castiglione schaut uns direkt an, so als wolle sie uns sagen: Schau her, das bin ich auch. Ich bin die Souveränin, die Empress des Spiels der Erscheinungen. Ich bin die Herrin meiner Rollen. Und doch versetzen sie mich in immer neue Welten.

Ein zweites Beispiel stammt aus dem London des Viktorianischen Zeitalters: Arthur J. Munby war ein vermögender Großbürger mit zahlreichen Freunden in Intellektuellen- und Künstlerkreisen, der aber heimlich seine Bedienstete Hannah Cullwick geheiratet hatte. Eine solche „cross-class marriage" war seinerzeit zumindest in der Öffentlichkeit verpönt, da die englische Klassengesellschaft ähnlich fest zementiert war wie das indische Kastensystem. Privat und auch vor dem gläsernen Auge der Kamera einiger Fotografen inszenierten Cullwick und Munby ein besonderes Rollenspiel, das sie auch in Text (Cullwick) und Bild (Munby) dokumentierten. Es trug durchaus sadomasochistische Züge, umspielte aber vor allem Dreck und alles, was mit ihm zusammengebracht werden konnte. Hannah Cullwick putzte nicht nur die Wohnung, sondern mit Vorliebe ihre dreckigsten Ecken, während Munby sie dabei beobachtete. Weiterhin leckte sie mitunter seine Stiefel, reinigte nackt den Kamin, praktizierte Blackfacing und nannte ihn – auch in ihren Memoiren – „Massa". Munby wiederum stellte jenseits der diversen Bilder ihrer Beziehung, die in Fotostudios

Abb. 18.1–18.4:
Carte de Visite-Porträts von Hannah Cullwick, 1870er Jahre

eigens angefertigt wurden, ein äußerst umfangreiches Fotoarchiv zusammen, das vor allem Mädchen und Frauen bei der Arbeit und als Akrobaten zeigte. Seine Sammlung wurde erst 1950 bekannt, da Munby verfügt hatte, dass die Schachteln, die man nach seinem Tod im Jahr 1910 bei ihm fand, bis dahin verschlossen zu bleiben hatten. Das British Museum, dem er sie eigentlich vermacht hatte, verweigerte daraufhin die Annahme. Sie landeten schließlich in Cambridge, wo er studiert hatte. Dort sind sie als Munby Archive heute Teil der Bibliothek des Trinity College und dürften zu dessen nachgefragtesten Beständen gehören.

Auch solche Bilder entstanden also in den Fotoateliers neben oder wohl besser: inmitten der Millionen immergleicher Aufnahmen.

2. AVATARE IM METAVERSE UND HEIMATBILDER IM NETZ. SOCIAL MEDIA, RECHTE NETZWERKE UND MARK ZUCKERBERGS VISIONEN

> "Maybe you'll play old games in new ways."
>
> Mark Zuckerberg

Heute, mehr als einhundertfünfzig Jahre später, haben Social Media-Plattformen die Rolle der Carte-de-Visite-Aufnahmen übernommen. Sie sind der Ort des Gesellschaftsspiels mit Identitäten, das erneut nicht ohne Normen auskommt. Wiederum werden wie bei Fotoalben feste Bildgrößen und auch weitere Einstellungen gesetzt und wiederum geht es offenkundig darum, wie ein Schauspieler oder eine Schauspielerin das eigene gesellschaftliche Leben in Szene zu setzen und in Bilder zu bringen. Will man im Kampf um das rare Gut der Anerkennung bestehen, so hat man sich der paradoxen doppelten Anforderung zu stellen, konform und dennoch besonders zu sein. Will man Erfolg haben und wahrgenommen werden, so postet man nicht einfach wahllos Fotos, sondern folgt bestimmten Typen von Bildern, die sich bereits als neue Gattungen ausgebildet haben. Diese geben in Gestalt von Rastern oder Grids den Rahmen vor, innerhalb dessen dann neue Bilder bzw. Videos eingestellt und auch rezipiert werden. Bei Instagram finden sich dann etwa unter dem Hashtag „Handstand" gut 8 Millionen Aufnahmen oder unter „#beautyqueen" fast 4 Millionen (Tendenz stark steigend) Bildbeiträge, deren Inhalt sich im Rahmen des durch den Namen der Bildersammlung gegebenen Erwartungshorizonts bewegt. Die jeweiligen thematischen Vorgaben, die bei den einzelnen Posts mit weiteren ähnlichen Hashtags versehen werden, sind die neuen Genres, die zusammen das Tableau der verschiedenen Erscheinungsformen bilden. Es sind gesellschaftlich lesbare Figuren, die durchaus Gattungen im Bereich der Kunst ähneln, die durch Gestaltungsformen vorgegeben sind, die dann die einzelnen Werke variierend und imitierend durchspielen. Diese können nicht nur im Bereich der Bildkonventionen durchaus von kurzer Dauer sein. Betrachtet man etwa Literatur-Cover, so finden sich dort unterschiedliche Subtypen von stilbildenden Romanen, die sich eine Zeit lang gut verkauften, dann aus der Mode kamen und wieder verschwanden, aber durchweg ähnliche Umschläge hatten: Man denke etwa an rezente Romane im Stil von *Harry Potter*, *50 Shades of Grey*, *Der Herr der Ringe* oder – medienwechselnd – von *Game of Thrones*. Sie segelten für kurze Zeit im Windschatten der Erfolgstitel mit, wurden dann aber von den Buchhandlungen nicht mehr nachbestellt und wurden unsichtbar. Aber die Gattung war mitsamt ihrem Themenschwerpunkt gesetzt und anhand der Umschläge unmittelbar ersichtlich. Man stelle sich, um ein anderes Beispiel zu nehmen, nur anhand eines, wie man in der Buchbranche sagt, Nackenbeißer-Umschlags vor, bei dem ein zumeist muskulöser Mann jüngeren bis mittleren Alters mit gemeinhin entblößter Brust eine attraktive Frau von hinten umarmt und sich anschickt, ihr den Hals zu küssen, welcher Text auf Leser*innen wartet – und wird von der Lektüre nicht überrascht werden. Wir bewegen uns im Rahmen des stereotyp Erwartbaren. Sobald man den Umschlag in Händen hält, weiß man, welche Art Text oder Film folgen wird. Ähnliches findet sich mit zumeist noch kürzeren Laufzeiten auch auf Social Media-Plattformen. Heute warnen selbst Printmedien gelegentlich vor bestimmten aktuellen – und in der Regel kurzlebigen – Trends auf TikTok, wie etwa Kühe zu erschrecken, tiefe Löcher zu graben, sich die Zähne zu feilen, sein Gesicht mit Wachs zu bedecken oder der Milchkisten-Challenge zu folgen, bei der man auf einer möglichst hohen Pyramide von Plastikmilchkisten balanciert – und sich, dumm genug, gelegentlich ein Bein bricht. Bei all diesen absurden Tätigkeiten kommt es natürlich auf die Bilder der- oder desjenigen an, der sie aufnimmt, postet und dann auf Reaktionen im Netz wartet. Die anschließend gesammelten Likes, Posts und Kommentare sind zählbare Evidenzen von Anerkennung, die es braucht, um an seiner Identität in der Welt des „Meta"-Versums zu basteln, das bekanntlich bis weit hinein in die Offlineverästelungen der sozialen Welten wirkt. Einige der auf Instagram beliebtesten Tourismusorte haben Vorrichtungen treffen müssen, um des Besucherandrangs Herr werden zu können. Es reicht nicht, nur die gestylten Fotos im Netz zu betrachten; man will die Orte, die auf ihnen abgebildet sind, auch mit eigenen Augen gesehen haben – und ist dann enttäuscht, wenn sie den Fotos nicht entsprechen. Porträts gehören dabei zum Kernbestand der Posts und sind auch bei Ansichten ferner Länder fast wichtiger als die aufgenommene touristische Destination. Diese hat die gleiche Funktion wie Haustiere, besondere Speisen oder Elemente der Populärkultur. Entscheidend ist, sich (und den anderen) zu zeigen und gesehen zu werden – an einem besonderen Ort, mit einem besonderen Tier, einem besonderen Sänger usf.

Gerade wenn man Posts mit Fotos von Personen betrachtet, wird deutlich, dass die Spannung zwischen Norm und Spiel, Individuum und Typus auch die Wahl der Gegenstände und ihre Gestaltung bestimmt. Man will besonders, will singulär sein, unternimmt dies aber als Teil einer Serie, einer Bildgattung, einer Konvention, die als Rahmen und Norm vorgegeben ist. Das Bildtableau eines Hashtags auf Instagram zeigt daher in seiner ästhetischen Strukturhomologie der Einzelbilder keine Gesellschaft der Singularitäten, sondern eine Masse ähnlicher Einzelner, die den Druck, inmitten der zahllosen Varianten des Immergleichen als Einzelne wahrgenommen zu werden, nachgerade ausstellt. Um Aufmerksamkeit zu finden, spielt man mit, wird Teil von diversen Gruppen mit ähnlichen Vorlieben, Interessen, Schwächen oder Wünschen. Die Individualität oder Singularität ist dabei keineswegs Voraussetzung des Spiels mit Identitäten auf den Social Media-Plattformen, sondern ein dort nie zu erreichendes Ziel.

Auf der Ebene der Spielformen persönlicher Bilder in den Social Media, aber auch auf jener der Porträtfotografie des 19. Jahrhunderts haben wir es mit einer

Identität zu tun, die immer schon eine im Plural *und* im Singular, immer schon Norm *und* Spiel ist. Und was bereits jetzt gilt, wird uns mehr noch in der Zukunft erwarten. So jedenfalls Mark Zuckerbergs Zukunftsvisionen auf der Facebook Connect 2021 und in dem spielfilmlangen Promotion-Video THE METAVERSE AND HOW WE'LL BUILD IT TOGETHER – CONNECT 2021. Das Metaversum geht als Begriff zurück auf einen Roman des amerikanischen Cyberpunk-Autors Neal Stephenson, der in seinem Roman *Snow Crash* von 1992 einen Raum imaginiert, der durch eine Interferenz der „realen" Welt mit der digitalen gekennzeichnet ist. Zuckerberg macht aus der Vision eines Zusammenwirkens der realen Welt, der „augmented reality" und der virtuellen Realität, die gemeinsam eine Welt bilden, ein Geschäftsmodell für das in die Jahre gekommene „Facebook-Universum". Im künftigen Metaversum, das mit der Welt diesseits des Bildschirms strukturell verzahnt ist, komme es zu einer Vervielfältigung der eigenen Identitäten. Man werde sie wählen wie morgens nach dem Aufstehen den Pullover oder das T-Shirt. Man wird den digitalen Identitätenkleiderschrank gut bestückt haben und das sogar, wie Zuckerberg zu betonen nicht müde wird, mit Kreationen *echter* Künstler*innen. Auch diese produzieren künftig für das Netz und sorgen dort für den Distinktionsgewinn ihrer Sammler*innen. Hinter dem vermeintlich freien Spiel mit Identitäten braucht es daher belastbare Kreditkarten, die aus multiplen und diversen Avataren zweifelsfrei identifizierbare User*innen machen.

Sieht man von der ökonomischen Verwertbarkeit der Präsenz im Metaversum einmal ab, scheinen die

Feststellung der Identität und die Konstruktion von Typen hier keine Rolle mehr zu spielen, es geht eher, so will man uns weißmachen, um ein postmodern-plurales Spiel mit Identitäten, das uns Zuckerberg in seinem Werbevideo in Gestalt unterschiedlicher Avatare vorstellt.

Was erwartet uns also in den Augen von Mark Zuckerberg alias Major Mark?

> „Die Technologie hat uns die Möglichkeit gegeben, uns auszudrücken und die Welt noch intensiver zu erleben. [...] Wir haben uns vom Desktop über das Internet bis hin zum Smartphone entwickelt. Von Text über Fotos bis hin zu Videos. Aber wir sind noch nicht am Ende angekommen. Die nächste Plattform, das nächste Medium, wird noch immersiver sein – ein erlebbares Internet, bei dem man mittendrin ist, statt es von außen zu betrachten. Wir nennen es das Metaversum. Wir werden im Metaversum fast alles tun können, was innerhalb unserer Vorstellungskraft liegt: Freund*innen und Familie treffen, arbeiten, lernen, spielen, shoppen, Inhalte erstellen – und völlig neue Dinge, die wir uns mit unserem heutigen Verständnis von Computern und Mobiltelefonen noch gar nicht vorstellen können."

Das klingt nach einem diversen, pluralen digitalen Humanismus, nach einem Leben, das für jede gesell-

Abb. 20.1–20.3:
Mark Zuckerbergs Avatare in THE METAVERSE AND HOW WE'LL BUILD IT TOGETHER – CONNECT 2021

schaftliche Rolle mindestens einen Avatar vorgesehen hat. Diese können mittlerweile dank diverser Programme täuschend echt, sprich fotorealistisch aussehen und doch computergeneriert sein. Mark Zuckerberg hat gleich eine ganze Reihe auf der virtuellen Stange hängen: Mark im Skelett-Shirt, als Astronaut, Elektroschrottmonster, leger mit Sneakern und schwarzem T-Shirt, als Surfer und natürlich mit einer ganzen Serie weiterer Identitäten. Zwischen E.T., Silver Surfer, einem lebensecht modellierten Mark Z. alias „Zuck" u.v.a.m. hat man zu wählen, wenn es an die tägliche Aufgabe geht: „connecting with people". Diese mache das Metaverse menschlicher und das Avatar-Meeting zu einer Feierstunde virtueller Realpräsenz, denn „the feeling of presence is the defining quality of the metaverse". Es soll einen – so heißt es ganz explizit – dieses tiefe Gefühl von Präsenz überkommen, wenn man anderen Avataren begegnet. Mittendrin statt nur dabei, das ist die Aussicht in die Ferne des Metaverse der nahen Zukunft.

> „Avatare werden so alltäglich sein wie heute Profilbilder. Statt eines statischen Bildes werden lebensechte 3-D-Darstellungen von uns selbst, mit unserer Mimik und Gestik, uns zu Interaktionen befähigen, die die heutigen Möglichkeiten des Internets in den Schatten stellen."

Vom Text zum Foto, vom Video zum 3-D-Metaverse – so wird die Geschichte der Social Media skandiert. Die Fotografie ist dabei zwar eigentlich medienhistorischer Altbestand und primitives 2-D-Mediums ohne Zeitkomponente, überlebt aber in Gestalt einer fotorealistischen Modellierung des „Homespace" und der virtuellen Umgebung des Metaverse. Sie gibt als Medium dabei den Stil vor, der als realistisch angesehen wird. Bei der immerhin 1:17:27h langen Präsentation, die Mark Zuckerberg mit raumgreifenden rudernden Gesten wie ein Prediger von A bis Z durchschreitet, bevor es am Ende zu einer dann viel besungenen und von langer Hand vorbereiteten Taufe kommt, ist es etwa offenkundig, dass man sich große Mühe bei der fotorealistischen Ausgestaltung der virtuellen Räume gegeben hat. Die Einblicke in gegenwärtige und künftige Computerspiele, die später im Video folgen, haben eine ungleich primitivere Grafik mit in jeder Hinsicht flachen Charakteren. Nicht dass der digitale Mark Z. ein komplexer Charakter wäre, aber er fühlt sich offenkundig wie der Messias der kommenden Welt: einer Welt extra für die Generation Z. Bei dem Konzert – dem coolsten Teil der Präsentation, wie Stephen Colbert in seiner Talkshow sagte – wurde dabei auf den ungemein populären Musiker, Fernsehmoderator und Komponisten Jon Batiste zurückgegriffen, der – wenig überraschend – auch Colberts Bandleader war. Es war ein eigens inszeniertes Konzert mit Backgroundchorengeln und einem in Gold gekleideten Sänger, der in seinem Song „Tell the Truth" einen imaginären Dialog mit seinem Vater entspinnt:

Abb. 20:
Konzert von Jon Batiste in THE METAVERSE AND HOW WE'LL BUILD IT TOGETHER – CONNECT 2021

> „He said, tell it like it is (tell the truth)
> Love how you live (I'm talkin' to you)
> When you're doing what you do
> Just tell the truth (tell the truth)"

Wir haben auch im Feld der Unterhaltung die Wahrheitszone erreicht, bei der es uns wärmer ums Herz werden soll. Der Song endet daher auch mit einem emphatischen „Just tell the truth". Die virtuelle Aftershow in Zucks Präsentation fällt demgegenüber mehr als nur ab, auch wenn sich dort possierliche Dinosaurier tummeln. Aber sie spricht auf andere Weise die Wahrheit aus, da die Freundinnen aus Japan und Amerika, die gemeinsam im Metaverse unterwegs sind, um ihren Lieblingssong live zu hören, sich sogleich für NFTs und Virtual Merch interessieren. Diese Totems der virtuellen Welt sind als Konsumfetische kulturhistorisch etablierte Garanten einer phantasmatisch-realen Gegenwart, die Mark Z zur Glaubenslehre und Cashcow zugleich macht. Das Bedürfnis nach Präsenz lässt sich auch dann vermarkten, wenn wir in virtuellen Räumen unterwegs sind. Aber die „quality of being physically embodied" garantiere ein tiefes Gefühl von Gegenwart, auch wenn dieses nun über einen Avatar verläuft. Ein neues Reich wird kommen, bei dem der Bildschirm ein Medium des Übergangs in eine neue Welt sein wird, die ganz von dieser Welt sein soll. Keine Metaphysik, aber immerhin Meta.

Jon Batiste, John Baptist, Johannes der Täufer, ist bekanntlich der Prophet des Messias. Hier kündigt er eine neue Gegenwart und eine Wahrheitslehre an, für die es über Jahrhunderte hinweg die auch theologisch komplizierte Transsubstantiation gebraucht hatte, und einen neuen Erlöser in Menschengestalt, der doch zugleich jede andere Existenzform annehmen kann. Nun ist der Avatar Garant einer technologischen Transsubstantiation, die, wie wir aus computergenerierten Filmen wissen, selbstverständlich auch Tote zum Leben erwecken kann. Am Ende der Präsentation bekommt Facebook dann auch einen neuen Namen: META. Dass dieser sprachlich griechische Wurzeln hat, dürfte Mark Z. mehr als nur gefallen haben: Das Neue Testament ist schließlich auch in griechischer Sprache überliefert.

In Zs Werbefilm sehen ihm alle Avatare mehr oder weniger ähnlich und sie signalisieren aufgrund ihrer Erscheinung: Ich bin ein Avatar. Einzig der „physische", quasi in jeder Einstellung anwesende, „reale" Mark Z. ist ein Wesen, bei dem man nie weiß, womit man es zu tun hat: Ist es der „echte" Mark Zuckerberg oder nur sein AI-generiertes Alter Ego? Schwer zu sagen. So oder so sollen wir ihm vertrauen, denn wir sind in Zs Reich unterwegs, in dem man – sagt er – sich nicht verstellen muss. Ähnlich zu sein genügt. Daher ähneln im Präsentationsvideo alle realen Figuren der gespielten Szenen ihren Avataren im Meta-Raum. Nur die zahlreichen Staffagefiguren sind wie Statisten, die ohnehin nicht zählen und sich unauffällig zu verhalten haben. Doch wer steckt hinter dem Dinosaurier? Er scheint zahm zu sein, aber das galt bekanntlich auch für den gezüchteten Velociraptor Blue aus *Jurassic World*.

Ähnlichkeit kann täuschen, auch und gerade dann, wenn wir es auf dem Bildschirm mit Fotos zu tun haben. So gibt es inner- und außerhalb des Metaversums ungemein fotogene Wesen, die einzig auf dem Screen ihre Wirkung entfalten können, da es sie als Menschen schlicht nicht gibt. Die Firma Generated Photos hat ähnlich wie die bereits in der Einleitung erwähnte Website this-person-does-not-exist.com/de ein Tool, einen „Face Generator", ins Netz gestellt, bei dem man die Parameter der gewünschten Erscheinung seines digitalen Avatars festlegen und durchspielen kann, ohne dabei auf eigene Bilder zurückgreifen zu müssen.

Es wird fortwährend Neues generiert, das immer wie Vergangenes aussieht: ein jedes Bild eine Art *Déjà-vu*. Es soll vertraut erscheinen und den uns als Porträtfotografie bekannten Bildtypen ähneln. Das ist die

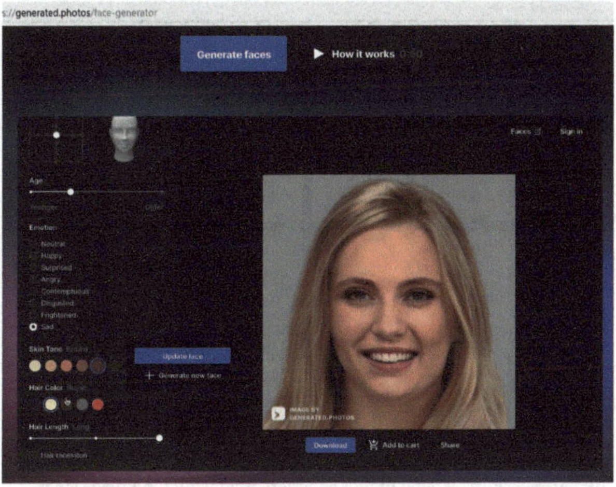

Abb. 21:
Generated Photos' „Face Generator"

neue Form, mit der das fotografische Archiv ins digitale Universum überführt und eingespeist wird. Bildtypen bleiben als ästhetische Form bestehen, auch wenn diese funktionslos geworden ist bzw. ihre neue Aufgabe darin besteht, den Platz der überkommenen Porträts einzunehmen. Diese und mit ihr verwandte Websites rufen ja explizit dazu auf, die KI-generierten Bilder immer dann zu verwenden, wenn eine fotografische Identität eingefordert wird. Wir sollten daher – realistisch betrachtet – fortan davon ausgehen, dass auch vermeintlich authentische Porträtfotografien, denen wir im Netz begegnen, synthetisch erzeugt worden sind, indem die Programme auf vorhandene Bilder zu-

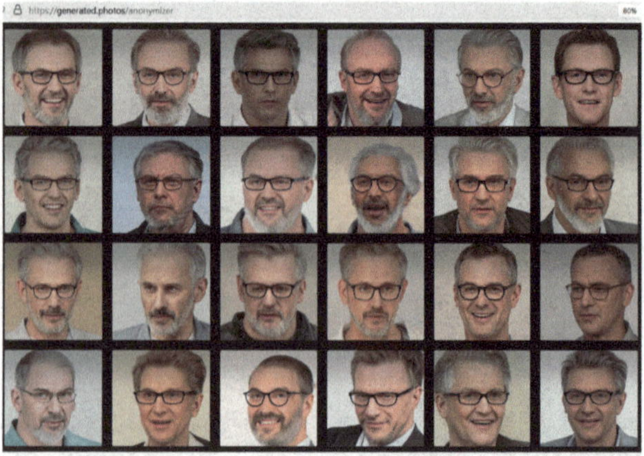

Abb. 22:
Auf der Website generated.photos generierte Bilder auf Grundlage einer Porträtfotografie

rückgegriffen und diese mittels Algorithmen verändert haben. Selbst Fotos können Avatare sein. Auch Bots haben mitunter ein digitales Antlitz – und das kommt zumeist sehr sympathisch, menschlich, allzu menschlich daher.

Generated Photos hat aufgrund dieser strukturellen Unsicherheit hinsichtlich der Authentizität von Porträtfotos im Netz die Schraube des Spiels mit Identitäten weitergedreht: Es komme darauf an, so die selbst formulierte Legitimation des Programms, die persönliche Identität im Netz zu schützen, indem man das eigene Foto durch ein computergeneriertes ersetzt, dem kein individuelles lebendes Wesen mehr entspricht. „Protect your identity with generative photos", heißt es auf der Website. Man kann dort sein eigenes Foto hochladen und erhält eine beliebig erweiterbare Reihe von vermeintlich ähnlichen Porträts.

Das habe ich getan und, da ich wissen wollte, wie die Serie weitergeht und ob sie ein Gesetz hat, 64 Bilder erhalten. Aus dieser Reihe habe ich dann willkürlich zwei ausgesucht, um diese wiederum für eine Google-Bildersuche zu verwenden. Ziel war es herauszufinden, ob es meine familienähnlichen generierten Alter Egos andernorts wirklich gibt und ob diese wiederum anderen Personen ähneln? Eine Art von virtueller Genealogieforschung also. In der Tat ergaben sich mehrere Treffer. Die auf der Plattform „Xing" zähle ich mal nicht dazu, da sie ebenso wie die Serie meiner Gesichts- und vor allem Brillenverwandten generiert sein könnten, um dort Masse zu simulieren. Aber einer der beiden Avatare, die mir angeblich ähneln, gleicht offenbar u.a. auch noch einem Urologen aus Wien und einem Journalisten aus den Niederlanden. Mit beiden bin ich meines Wissens nach nicht verwandt und habe auch noch nie von ihnen gehört. Und bei beiden ist es höchst unwahrscheinlich, dass sie ihr Porträtfoto von Generated Photos bezogen haben, da sie offenkundig mit ihrem eigenen Bild im Netz werben. Bei dem Urologen und Journalisten spricht daher einiges dafür, dass es sie wirklich gibt und dass sie ihrem Porträtbild auch mehr oder weniger ähnlich sind. Umgekehrt kopiert allerdings das Tool der Website nicht einfach im Netz aufgefundene Porträts und sortiert diese dann mittels festgelegter Algorithmen. Auch die über Suchmaschinen detektierten Fotos sind eben nur ähnlich. Die Fotografien sind Varianten des Vorgefundenen, generierte Familienähnlichkeiten.

Doch treten wir einen Schritt zurück und überlegen, warum man gerade bei diesen beiden Bildern und nicht bei den anderen annimmt, dass es sich um „reale“ Fotos von real existierenden Menschen handelt. Die niedrig aufgelösten Bilder als solche liefern hier keine Anhaltspunkte. Wenn man die Fotos des Urologen und des Journalisten mit den generierten der Website vergleicht, so tendiert man zu ersteren einzig aufgrund ihrer Verwendung. Der Gebrauch des Bildes und nicht das Foto als solches fungiert hier als Realitätsmarker. Es gibt bestimmte Kontexte, die aus rein pragmatisch-funktionalen Gründen die Verwendung eines „echten“ Fotos wahrscheinlicher machen als andere. Das gilt in anderer Weise auch für Social Media. „Protect your identity with generative photos“ ist als Empfehlung sicher auch für Facebook, TikTok oder Instragram mehr als nur vernünftig, dürfte aber als solche sogleich in den Wind geschlagen werden, wenn die Personen des „First Life“ mit denen des „Second Life“ teilidentisch sind und z.B. in der Schulklasse über einzelne Posts diskutiert wird und andere kommentiert werden. Die Social Media-Plattformen sind daher ohne Porträtfotografien im weiteren Sinne kaum vorstellbar. Sie sind heute einer der Orte, an denen der Konflikt zwischen Norm und Spiel, Typus und Individuum ausgetragen und prozessiert wird. Daher die bemerkenswerte Omnipräsenz von Fotos Einzelner – allein, in einer Gruppe, mit Tier und Ding, an besonderen Orten usw. – im Netz. „Connecting people" ist bekanntlich die mantraartige Formel der Social Media-Kanäle. *There should be communication.* Und diese verläuft über Bilder.

Francis Galton hätte vermutlich seine Freude mit Tools wie Generated Photos gehabt, da man mit ihnen gänzlich unaufwendig im Handumdrehen auch Typen generieren kann. Man kann nämlich aufgrund der Voreinstellungen zwischen allerlei vorgegebenen Parametern wählen wie etwa der Haltung des Kopfes, dem Geschlecht und Alter, der „Ethnicity", bei der man zwischen „weiß", „schwarz", „Latino" oder „asiatisch" zu wählen hat, der Haar- und Augenfarbe, der Haarlänge und nicht zuletzt auch der Stimmung, bei der man aber bezeichnenderweise nur die Wahl zwischen „neutral" und „freudig" hat. Bei einem anderen Facegenerator derselben Website kommen immerhin noch weitere „Basisemotionen" hinzu: überrascht, ärgerlich, traurig, furchtsam, „contemptuous", also verächtlich dreinschauend, und angeekelt. Was hier wie eine ludische Vervielfältigung von Spielformen des eigenen Bildes funktioniert, denn diese erscheinen bei jedem Klick in neuer Folge, erweist sich umgekehrt aber auch als wenig spielerischer Anspruch des Programms. Dieses würde nämlich auch einem jeden hochgeladenen „echten" Bild eine dieser Stimmungen zuweisen und genauso auch eine der ~~rassischen~~ Zuschreibungen. Die grundsätzlich programmierbare und nun programmierte Lesbarkeit von ~~Rassen~~, Stimmungen oder Schönheitsformen ist die Voraussetzung dieser Identitätsmaschine. „Sag mir, wie du aussiehst, und ich sage dir, wer du bist", ist die Rückseite der Formel „Ich ist ein anderer", die generativ virtuell endlose Serien entfernt ähnlicher Bilder erzeugt.

Mit dem Anspruch auf Objektivität, die Francis Galton dank der Aufzeichnungsgenauigkeit der Fotografie für sein Verfahren mit Nachdruck beanspruchte, hat daher das Programm nur auf den ersten Blick nichts mehr zu tun. Natürlich sind wir im Reich einer Simulation von Authentizität angekommen. Aber das galt bei genauerem Hinsehen ja auch schon für Galton. Seine Serien waren Ergebnis eines Sehen-Wollens eines vorprogrammierten „Phänotyps". Jeder beliebige Typ konnte in das Programm eingespeist werden: der typische Fußballspieler, die typische Apothekerin, der typische Drittklässler – und dieser je nach Schule, Ort usf. spezifiziert. Auch visuelle Mittelwerte sind schlicht statistische Daten, und Statistiken sind bekanntlich wissenschaftlich etablierte Formen einer distanzierten Abstraktion, die gleichwohl eine Anschaulichkeit der Ergebnisse verspricht. Weiterhin sind sie für eine jede Art von Inhalt empfänglich. Was auch immer es ist, es kann, wenn hinreichend Daten vorliegen, statistisch aufbereitet werden.

Bemerkenswert ist, dass Galtons visuelles Erbe die Seiten gewechselt hat und heute aufseiten einer politisch engagierten Kunst munter dekonstruiert wird. Die amerikanische Künstlerin Nancy Burson hat in ihren „Composite"-Serien diverse Kombinationen von Porträtfotos durchgespielt und dabei die Gegenwart als Bildarsenal bemüht: ein Durchschnittsbild *der* Amerikanerin und ein gemorphtes Bild von Trump

Abb. 23:
Nancy Burson, Covergestaltung der Ausgabe von *Time*, 20.7. 2018

Abb. 24:
Nancy Burson, „Human Race Machine", Installation im öffentlichen Raum, New York 2000

und Putin jeweils auf der Titelseite der Zeitschrift *Time*, ein „Warhead“ auf Grundlage von Fotoporträts verschiedener Präsident*innen (auch Margaret Thatcher war mit kleineren Prozentanteilen mit dabei) oder auch eine „Human Race Machine“, in dem das eigene Antlitz in ein Kompositfoto eingespeist wird, um dann verschiedene Metamorphosen zu durchlaufen.

„There is no gene for race“ war und ist die Botschaft, die Ausstellungen der „Human Race Machine“ begleitet. Wir sehen: Es geht hier nicht um Objektivität und schon gar nicht um eine der ~~Rasse~~ oder der Ethnie, wohl aber um Realität – und die ist politisch. Die Kunst nimmt mit der Typenfotografie ein überkommenes Verfahren auf, um zugleich die es begleitenden Vorstellungen zu dekonstruieren. Diese stehen weitaus mehr im Fokus als Galtons längst historisch gewordene fotografische Praxis. Dieses Gleiten zwischen Kunst und gesellschaftlich anerkannter Kritik ist durchaus auch für andere Initiativen typisch, so etwa für die Gruppe Forensic Architecture, der es um komplexe investigative Recherchen geht, bei denen anhand von Fotos, Filmen und anderen verfügbaren Dokumenten mosaikartig Informationen zusammengetragen werden, die dann Verbrechen aufzuklären helfen, die oft auf staatliche Gewalt zurückgehen. Die Gruppe nutzt dabei Fotografien als Beweises oder genauer als Elemente einer Beweisführung, die auch Metadaten der Aufnahmen nutzt, um etwa einen bestimmten Ort und eine bestimmte Zeit zu identifizieren. Nicht das einzelne Foto ist als Beweismittel entscheidend, sondern das Gesamtbild, das sich aus vielen Detailinformationen zusammensetzt.

Wir sehen bereits bei diesen beiden Beispielen, dass die Konstruiertheit nur die eine Seite der Medaille ist. Auf der anderen fungiert die Fotografie nach wie vor als Beweismittel. Das gilt auch für Porträtaufnahmen. Wenn man Tools wie die von Generated Photos und anderen nimmt, so sollen die Personenfotos in anderer Weise lesbar gemacht werden. Anhand von gegebenen Porträts könne man u.a. auf ethnische Identitäten, Stimmungen und psychische Dispositionen schließen. Die Tools sind dabei die programmierte Gestalt von psychologischen Theorien von angenommenen Basisemotionen. Wir haben es mit typologisierenden und unterscheidenden Beschreibungskategorien zu tun, bei denen die Sollbruchstelle zwischen temporären, also an einen Augenblick gebundenen, Gefühlen und überzeitlichen Zuschreibungen eines Wesens verläuft. Geht es nur um *dieses* Bild einer Person oder geht es um eine Person, die sich in diesem Bild zeigt und die *immer* so ist und hinter der viele weitere stehen, die auch so sind? Beide Optionen gibt es als Theorietraditionen schon seit Langem. Bei Letzterer ist das berühmteste Beispiel wohl Lavaters Physiognomik, bei der man annahm, aufgrund der physischen Erscheinung eines Individuums, z.B. der Nase oder der Schädelform, Rückschlüsse auf sein Wesen ziehen zu können. Diese Traditionslinie wurde dann durch rassistische Theorien in anderer Weise fortgeschrieben. Man denke nur an den Antisemitismus während der NS-Zeit (und darüber hinaus) oder an die White-Supremacy-Ideologie in den Vereinigten Staaten (und darüber hinaus) heute. Bei Ersterer, der pathognomischen

Tradition, geht es hingegen um die Lesbarkeit von punktuellen Gefühlen, die als Ausdrucksformen mittels Mimik und Gestik Teil der zwischenmenschlichen Kommunikation sind. Sie können – etwa bei Schauspieler*innen auf der Bühne oder im Film – auch simuliert werden und funktionieren trotzdem. Die physiognomische Traditionslinie hat eine hohe Affinität zu rassistischen Ideologien, während sich die pathognomische als universelle Sprache versteht. Wir können Gefühlsausdrücke ungeachtet der Herkunft der jeweiligen Person und trotz kultureller Differenzen verstehen. Aber sie verweisen eben nicht auf ein „Wesen" der Person, sondern sind eine Art von Sprache. Ganz anders hingegen die Physiognomik, die auf Typen zielt, die dann mit rassistischen Zuschreibungen versehen werden können. Die biometrischen Fotografien der anthropologischen Tradition, denen wir bereits begegnet sind, werden zur Grundlage einer nun automatisch erfolgenden Vermessung des Menschen, die strukturell ideologisch besetzbar ist. Auch auf den Social Media-Plattformen finden wir beide Momente.

Doch womit haben wir es eigentlich bei dem vermeintlich postmodern-spielerischen Umgang mit Identitäten auf Social Media-Kanälen zu tun? Auf welche Formen von Identität zielen sie? Verläuft auch dort eine ähnliche Sollbruchstelle? Die zahllosen Foto-Posts auf den diversen Kanälen sind, so kann man sagen, das gegenwärtige Pendant der Carte-de-Visite-Mode oder besser -Manie des 19. Jahrhunderts. Quantitativ übertreffen sie die Millionen von analogen Fotoporträts noch um ein Vielfaches. Und auch qualitativ haben wir es mit ungleich vielfältigeren Spielformen von Inszenierungen zu tun. Doch was ist dabei mit den beiden Prinzipien der fotografischen Identitätspolitik des 19. Jahrhunderts, der Konstruktion von Typen und der Feststellung der Identität, geschehen? Sind sie verschwunden oder haben sie nur eine mediale Metamorphose durchlaufen? Und was ist die politische Dimension von Fotoporträts auf Social Media-Plattformen?

Um eine Antwort auf diese Frage zu finden, bietet es sich an, zwei Strategien genauer in den Blick zu nehmen, die auf jeweils unterschiedliche Art und Weise die Trennung der Welten diesseits und jenseits des Bildschirms aufzuheben suchen: Sie zielen dabei auf eine *politische* und eine *ökonomische* Nutzung der Social Media-Kanäle. Bei der ersten Strategie geht es um die Verwendung von Social Media-Plattformen für den politischen Kampf, bei der anderen um eine ökonomische, dadurch mitunter aber auch politische Nutzung der im Netz verfügbaren Daten. Beide haben entsprechend ihrer Ziele sehr unterschiedliche Modelle von Identität. Kurz gesagt: Die erste entdeckt den *Typus als Identifikationsfigur*, die zweite *Identität als Geschäftsmodell*. Die These ist dabei, dass die Figur des Typus insbesondere von der politischen Rechte aufgenommen und eingesetzt wird, die Identität hingegen bei der ökonomischen Verwertung von zentraler Relevanz ist. Der Typus ist dabei zugleich eine Figur, die notwendig Exklusion impliziert, das soziale Feld segmentiert und in Gruppen mit widerstrebenden Identitäten aufspaltet, während die ökonomische Verwertung der individualisierten Daten von Nutzer*innen idealiter allumfassend ist. Der Typus ist eine Figur des Identitätskampfs mittels Absetzung und Exklusion, während es bei der ökonomischen Nutzung erst einmal um möglichst viele Einzelne geht. Politische, weltanschauliche, genderspezifische etc. Unterschiede und somit partikulare Gruppenidentitäten werden für sie nur relevant, wenn sie Konsequenzen für das Geschäftsmodell haben, sprich, wenn sie sich auszahlen. Dann kann eine vermeintlich ausschließlich ökonomische Nutzung auch politische Konsequenzen haben, wie man zuletzt in Myanmar oder bei Donald Trump und seinen Anhänger*innen sehen konnte. Social Media-Plattformen beobachten fortwährend das Verhalten der Nutzer*innen, um diese mittels Algorithmen länger auf ihren Seiten zu halten, da eine längere Präsenz schlicht höhere Werbeeinnahmen bringt. Daher wird man auf den Plattformen mit Inhalten weitergefüttert, die das, was man sieht und tut, verstärken, wiederholen und ergänzen. Anders formuliert: Social Media-Kanäle fischen nach identifizierbaren Gruppen im Netz und machen daraus ein Geschäftsmodell. Identitäten sind eben auch ökonomisch verwertbar und weil sie es sind, zeitigt auch das Geschäft mit ihnen politische Effekte.

Doch was heißt es überhaupt, Social Media als politische Kampfzone zu betrachten? Um eine möglichst konkrete Antwort und sprechendes Material zu bekommen, schlage ich vor, einschlägige deutschsprachige Seiten des linken und rechten politischen Spektrums genauer anzuschauen. Beide unterscheiden sich deutlich voneinander. Allgemein gesprochen: Die Linke hat alles in allem eher eine ikonophobe, die Rechte hingegen eine ikonophile Tendenz. Mit anderen Worten: Die Linke ist deutlich textlastiger, während die Rechte dazu tendiert, auch Texte in Bilder zu verwandeln und mittels Bildern Inhalte zu triggern. Beide zeichnen sich weiterhin definitiv nicht dadurch aus, dass sie neue mediale Verfahren oder Praktiken zur Herstellung von Identität entwickeln würden. Sie sind in dieser Hinsicht in keiner Weise innovativ, sondern nutzen die bereits vorhandenen Infrastrukturen und liefern schlicht Content. Bemerkenswert und aufschlussreich ist dann aber, wie sie das tun und was konkret zu sehen ist. Beide unterscheiden sich dabei, wie wir noch genauer sehen werden, deutlich voneinander. Auch wenn die Rechte im Feld der Social Media ungleich aktiver ist und weit mehr Anschauungsmaterial bietet als die Linke, ist daher der Vergleich von Interesse. In einem ersten Schritt werde ich die jeweiligen bildpolitischen Strategien in groben Zügen zu charakterisieren suchen, um mich dann in einem zweiten ausschließlich auf rechte Kanäle zu konzentrieren. Hier versuche ich wenigstens pars pro toto verschiedene komplementäre Strategien darzustellen, die zusammen zu betrachten sind, da sich die unterschiedlichen Akteure gewissermaßen die politische Arbeit aufgeteilt haben. Abschließend sollen dann einige Aspekte der ökonomischen Nutzung von Identität angesprochen werden. Wir sehen bereits jetzt anhand dieser allgemeinen Charakterisierungen: Sobald es um politische oder ökonomische Interessen geht, verliert der vermeintlich spielerische Umgang mit Identität im Netz seine Leichtigkeit und Unbefangenheit. Es zeichnen sich neue Formen einer über Bilder verlaufenden Identitätspolitik ab, die sehr unterschiedliche Ziele, Visionen und Strategien verfolgen.

Wie sehen diese nun aus, wenn man sich Social Media-Aktivitäten der Linken und der Rechten anschaut? Sucht man nach einschlägigen Seiten, so stellt man erstens rasch fest, dass es auf beiden Seiten des politischen Spektrums nicht vorrangig um Porträtaufnahmen oder Bilder von Politiker*innen geht, sondern dass diese von anderen Bildern begleitet werden und dass zweitens die extreme Rechte auf den Social Media-Kanälen deutlich umtriebiger ist als die extreme Linke. „Linksunten.indymedia", die wichtigste Plattform der linken Aktivisten und autonomen Gruppen, wurde zudem bereits vor einigen Jahren verboten, wodurch sich die Aktivitäten auf verschiedenen Kanälen verstreuten. Geblieben ist die dokumentierte Geschichte der verschiedenen Posts. Dort heißt es: „Indymedia linksunten wurde am 25. August 2017 vom Bundesinnenminister verboten. Die Seite bleibt als Archiv erhalten. Die einzigen Archive der Bewegungen haben die Bewegungen selbst hervorgebracht und niemand wird unsere Geschichte erzählen, wenn wir es nicht selbst tun. Bewegungen müssen Spuren ihrer Leidenschaft für zukünftige Generationen hinterlassen, denn vergessene Kämpfe sind verlorene Kämpfe."

Das umfangreiche Linksunten-Archiv hat eine eigene Rubrik für Bilder, die mit Posts aus dem Jahr 2009 einsetzt und bis zum Verbot 2017 reicht. Der Bildbegriff

Abb. 25:
linksunten.indymedia.org (Screenshot vom 1.8.2023)

ist dabei sehr weit und umfasst auch Logos, Plakate, Flyer, Karikaturen und Fotos von Bannern. Das Gros der ästhetisch weder aufwendigen noch ambitionierten Fotos entfällt hingegen auf Dokumentationen von Aktionen und Demonstrationen der eigenen politischen Seite und die Identifikation des politischen Gegners auf der anderen. Zugleich sind bei den Aufnahmen der eigenen Demonstrationszüge die Teilnehmer*innen zumeist verpixelt, während umgekehrt einzelne mutmaßliche Neonazis und unzweifelhafte AfD-Mitglieder mitunter in Form von möglichst scharfen Einzelporträts gezeigt werden. Manchmal wurden sie sogar aus Fotos herausgeschnitten, um sie einzeln zeigen zu können.

Einige von ihnen werden weiterhin als Mitglieder der Identitären Bewegung oder aufgrund ihrer Beziehungen zu Neonazigruppen namentlich „geoutet".

Abb. 26:
Facebook-Seite von Der.Rechte.Rand (Screenshot vom 1.8.2023)

Dazu gehören dann manchmal auch Flugblätter und Steckbriefe, die in der Nachbarschaft der betreffenden Personen verteilt werden. Das Antifa-Magazin Der. Rechte.Rand, das auch auf Instagram und Facebook, nicht aber auf Telegram vertreten ist, verfolgt eine ähnliche Bildpolitik, legt aber deutlich mehr Wert auf die ästhetische Gestaltung der einzelnen Posts.

Wir finden auch hier Aufnahmen von Demos, Hinweise auf verschiedene Personen und Gruppen vom rechten Rand und – wie bei Linksunten – auf wichtige Figuren der linken Bewegung und vor allem Überlebende der Shoah. So etwas wie eine Che-Guevara-Folkore, wie man sie mit anderen Ikonen der Revolution aus den 1970er und 1980er Jahren kennt, findet sich hier hingegen nicht. Auch prominent inszenierte Auf-

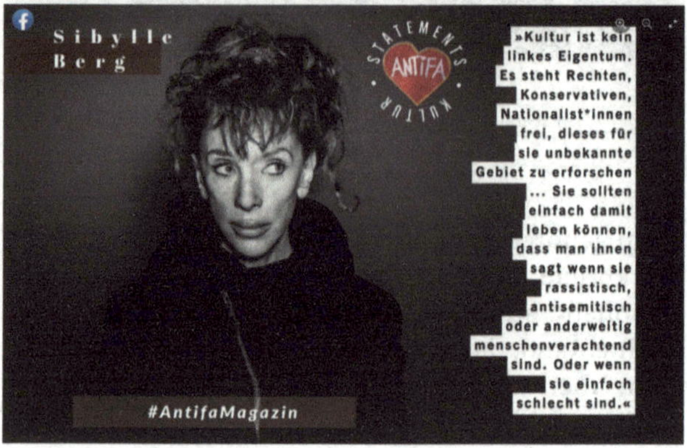

Abb. 27.1, 27.2:
Facebook-Seite von Der.Rechte.Rand (Screenshots vom 1.8.2023)

tritte einzelner Personen sind die Ausnahme. Sie finden sich in der Rubrik „Statements Kultur" und zeigen Porträts u.a. von Sibylle Berg, Die Ärzte, Armin Rohde, Stephan Anpalagan, Mal Élevé, Neonschwarz, Jasmin Schreiber oder Igor Levit mit einem kurzen pointierten Zitat.

Auf Seiten der Linken wird das politische Interesse des Gezeigten und Geposteten durchweg benannt. Auch die Porträts haben hier eine lesbare und zumeist explizit angegebene politische Botschaft. Es wird deutlich, dass die linke Bildpolitik auf Individuen setzt, auf Menschen mit einer besonderen Geschichte, auf partikulare und diverse Gruppen, sprich auf Diversity und gesellschaftliches Engagement in vielen unterschiedlichen Spielarten. Daher die Betonung der individuellen Stimme, des persönlichen Bildes und Statements, des besonderen beispielhaften Engagements. Bilder, die auf ein Kollektiv, auf eine Visualisierung der Gemeinschaft diverser, partikularer, heterogener Identitäten zielen, sind hingegen nur als Symbole präsent: Die Regenbogenfahne hat die rote Fahne ersetzt oder – manchmal – sich an ihre Seite gestellt. Die Bildpolitik ist daher abstrakt und konkret zugleich. Sie propagiert Vielfalt als allgemeines politisches Prinzip anhand konkreter, partikularer Beispiele. Und genau dieser Spagat ist das strukturelle Problem linker Bildpolitik. Man kann die Schwierigkeit auch so formulieren: Wie lässt sich Diversity in Bilder bringen, die nicht nur partikulare Gruppen adressieren? Wie lässt sich bildpolitisch Vielfalt als Versprechen von pluraler Identität visualisieren? Das politische Prinzip von Diversity und

Vielfalt, das weiterhin ganz bewusst auf Essentialismen verzichtet, ist, so muss man konstatieren, wenig bildaffin. Und das ist letztlich die Herausforderung linker Bildpolitik in den Social Media.

Demgegenüber verfolgen die rechten Seiten ein gänzlich anderes Programm und tun sich mit Bildern ungleich weniger schwer, im Gegenteil: Sie codieren alle möglichen Arten von Bildern in ihrem Sinne um. Erst einmal setzen sie, wenn denn gerade keine Protestmärsche, Kundgebungen oder Plakate zu sehen sind, auf Bilder, die vermeintlich unpolitisch sind. Das Politische wird dann aber über ihre Kombination mobilisiert. Wir haben es hier mit einer Bildpolitik zu tun, die als konzertierte oder zumindest gemeinsam orchestrierte Aktion auftritt. Diese gilt es genauer zu beschreiben, um ihre Funktionsweise zu verstehen. Erst einmal postet auch die extreme Rechte zahlreiche Fotos von Demonstrationen, aber anders als linke und autonome Aktivist*innen orchestrieren rechtsextreme und völkisch-national ausgerichtete Gruppen ihre Auftritte auch darüber hinaus mit einer Fülle von Bildern und zeigen auch die eigenen Demonstrationszüge in der Regel unverpixelt. Eine Bildaffinität ist allerdings nicht bei allen rechten Kanälen in gleicher Intensität zu konstatieren. Der Telegram-Kanal der rechtsradikalen Identitären Bewegung Österreich besteht etwa auf der Bildseite fast ausschließlich aus Fotografien von bereits erfolgten Demonstrationen und den dort aufgetretenen Redner*innen. Entscheidend sind die gelbe Farbe und wiederkehrende Schriftzüge wie zuletzt „Widerstand lässt sich nicht verbieten“ und „Wer gegen uns?“.

Abb. 28:
Telegram-Seite der Identitären Bewegung Österreich
(Screenshot vom 1.8.2023)

Letzterer ist eine Anspielung auf das im rechtsextremen Antaios Verlag erschienene gleichnamige Buch von Domenico Di Tullio, das der Verleger Götz Kubitschek als „Christian Kracht von rechts" charakterisiert hat. Es handelt sich um die deutsche Übersetzung von *Nessun dolore. Una storia di Casapound*, der in Gestalt eines neofaschistischen Abenteuerromans die Geschichte der rechtsradikalen Bewegung CasaPound, die auf rechte Kultur als politische Strategie gesetzt hat, nachzeichnet. Kubitschek und der Verlag spitzen den Plot als existenzielle Wahl zu, bei der es darum gehe, „entweder einen bürgerlichen Weg einzuschlagen oder die Chance ihres Lebens zu ergreifen und Teil einer ebenso kompromißlosen wie faszinierenden

Bewegung zu werden". Das Schriftzug auf dem Banner macht deutlich, dass sich die Identitäre Bewegung *als* diese Bewegung versteht und Kubitscheks Umdeutung von Adornos berühmtem Satz aus der *Minima Moralia* als politische Vorgabe übernimmt: „Es geht nämlich nur um etwas von dem, was als ‚wahres Leben im falschen Ganzen' von jeder an der Verzweiflungsgrenze existierenden Gruppe durchdekliniert wird." Diese Umcodierung von linker in rechte Theorie, die Kubitschek hier vornimmt, ist vielfach beobachtet worden. Man denke nur an Didier Eribons Roman *Rückkehr nach Reims,* der eindringlich schildert, wie ehemalige Wähler*innen der französischen Kommunistischen Partei nun zum rechten Front National übergeschwenkt sind, den politischen Seitenwechsel von Horst Mahler oder einer Zeitschrift wie *Tumult* samt ihres Herausgebers Frank Böckelmann. Begleitet wird dieser Aufruf zu einer neuen rechten Bewegung von einer Mobilisierung eines alten Theorie- und Bildbestands, einer Mobilmachung faschistischer Identitätspolitik.

In rechten Kreisen wird gerne mit Alternativen geworben, wie es dereinst vor allem die Linke tat. Dafür muss man keineswegs die AfD bemühen, die bei der Gestaltung ihrer Plakate bis hin zur – wenn es nicht so ernst wäre – komischen Absurdität rechte Stereotypen bedient und dabei gerne die Betrachter*innen vor die Wahl stellt: Burka oder Bikini, Burka oder Burgunder? Ungleich expliziter fragt „DarumVoelkisch" auf Telegram: „Welche Zeit war/ist besser?!" und dekliniert dann in Text und Bild Frauen, Männer, Mädchen, Jungen und Kunst durch und sucht bei dem hier abgebil-

Abb. 29:
Telegram-Seite von Darumvoelkisch (Screenshot vom 1.8.2023)

deten Post in Bild und Text bei der Auswahl des Kunstwerks auch die Nähe zur „entarteten Kunst“ der Nationalsozialisten. Erfreulicherweise hält sich die Zahl der bisherigen Posts in Grenzen. Am 13.9.2022 wurde noch vollmundig angekündigt: „Zu erwarten sind zahlreiche Beispiele in Bezug auf alle volkszersetzenden Aspekte des modernen ‚Lebens‘ und den schönen Kontrast zu früheren Zuständen, deren Wiederkehr in unseren Händen liegt!“ Damit ist auch das Bildprogramm vorgegeben, das auf pseudoheroische Bilder der NS-Zeit setzt, sprich die NS-Ideologie als historische Alternative zur vermeintlichen Dekadenz der Gegenwart anpreist. Damit steht dieser Kanal leider nicht allein. Wenn man nur dem Begriff „völkisch" folgt und ihn auf den drei ausgewählten Plattformen sucht, so findet man auf Facebook nahezu keine Posts, bei Instagram hingegen gleich mehrere „Völkischer Beobachter"-Seiten, die auf Bilder und nicht auf Texte setzen, und bei Telegram diverse Kanäle mit expliziten rechtsextremen Inhalten in Text und Bild.

„We do NOT condone any of the ideas of the Nazi party nor any current nationalist/fascist/white supremacy group", heißt es zwar bei „vbeobachter" auf Instagram, um dann aber gleich erneut mehrere Bilder mit Hinweisen auf die Ausstellung *Entartete Kunst* zu posten. Künstler*innen der NS-Ausstellung sind hier direkt neben Bildern von NS-Dokumenten zu sehen. Wenn „DarumVoelkisch" hinreichend deutlich macht, dass vergangene NS-Geschichte das ideologische Programm der imaginierten zukünftigen Gesellschaft darstellt, dann können eben auch vermeintlich „historische" Posts explizite weltanschauliche Vorgaben sein und auf diese Rezeption hinzielend eingestellt werden. Der jeweilige Kontext bestimmt eben auch die Bedeutung und Rezeption der einzelnen Bilder mit. Auch ideologisch gänzlich unverdächtige Kunst kann in schlechte Gesellschaft geraten, die dann die Deutungsperspektive bestimmt.

Insgesamt lässt sich feststellen, dass der auf unterschiedliche Weise am linken wie rechten Rand des po-

Abb. 30:
Instagram-Seite von vbeobachter (Screenshot vom 1.8.2023)

litischen Spektrums ausgerufene politische Kampf auf Formen von Gemeinschafts- und Identitätsbildung setzt, die, auf Seiten der Rechten, mit einem postmodernen Spiel mit Identitäten à la Zuckerbergs Metaversum wenig zu tun zu haben. Gleichwohl bedient sich die Neue Rechte der von den Silicon Valley-Unternehmen angebotenen Plattformen im großen Stil. Sie nutzt quasi parasitär die Social Media-Kanäle, um andere Typen von Identität zu propagieren und dies gerade, obwohl die großen Social Media-Plattformen ein linksliberal pluralistisches, konstruktivistisch-offenes Menschenbild propagieren. Sie kritisiert die vermeintliche Leere der auf den Plattformen andernorts regierenden Diversität, um diese mit dem vermeintlichen Reichtum traditioneller konservativer bis ultrareaktionärer Vorstellungen aufzufüllen. Diese werden dann nicht zuletzt über Bilder prozessiert, die Bekanntes aufnehmen. Auch das ist Programm: Der Rückgriff auf die – zumeist deutsche – Geschichte und das Arsenal traditioneller Bilder, zu denen auch überkommene Gender-Stereotype etc. gehören, versteht sich als emphatische Betonung der Herkunft und das nicht zuletzt als jener einer angenommenen Volksgemeinschaft. Der völkisch-rassisch grundierte Identitätsbegriff der nicht zufällig so benannten Identitären Bewegung geht etwa von einer Abstammungsgemeinschaft aus, die als überzeitliche vorgestellt wird, in der Gegenwart aber angeblich durch Pluralismus, Demokratie und Migration, *woke*, *queer* und *trans* bedroht werde. Der Kampf gegen diesen vermeintlichen „großen Austausch“, der sich auf allen Ebenen vollziehe, gelte der Verteidigung einer Identität, die biologisch fundiert sei und historisch weit in die Vergangenheit der Volksgemeinschaft zurückreiche. Das ist dann auch an der Bildpraxis abzulesen, die eben zur Aufgabe hat, diesen Kampf medial zu befördern und im Wortsinn zu mobilisieren. Mit anderen Worten: Es geht um Identitätskämpfe, die diesseits und jenseits des Bildschirms ausgefochten werden.

Erneut spielen hierbei Fotografien von Personen eine nicht unwichtige Rolle. Damit sind im rechten Spektrum, auf das ich mich im Folgenden beschränke, nicht in erster Linie so etwas wie Aufnahmen von Anastasia-Siedler*innen gemeint, die in selbst gefertigten Leinenhemden gekleidet im „Goldenen Grabow" oder andernorts ihren rechtsesoterischen Überzeugungen frönen und die Blut-und-Boden-Ideologie in ökologischem Gewand in neue Bilder bringen. Auch denke ich weniger an Debatten wie jene über ein Foto eines Tracht tragenden jungen Paars, das sich öffentlich zur Wehr setzte, weil es in rechten Netzwerken als Vorbild einer im Sinne der Ideologie richtig verstandenen Heimat auftauchte und dann munter weitergepostet wurde. Beides gibt es – und dies leider zuhauf – natürlich auch auf den Social Media-Plattformen, die aber dennoch primär andere Bildtypen aufrufen. Die Bildpolitik der Rechten zielt auf andere Typen von Porträts und entwickelt unterschiedliche Strategien, die von relativ klassisch inszenierten Politiker*innenfotos bis hin zu völkischen Typendarstellungen reichen. Die Neue Rechte deckt das ganze Spektrum von erst einmal eher unauffälligen Posts von Politiker*innen bis hin zu dezidiert faschistischen Kommentaren und Bildern ab. Selbst bei Instagram, das nicht gerade als einschlägig rechtsextremes Netzwerk bekannt ist, findet sich etwa, wenn man das Wort „Identität" eingibt, sehr rasch der Hashtag „#deutscheweltanschauung", unter dem unverhohlen Fotos und Bilder aus der NS-Zeit gepostet werden.

Es gibt natürlich auch einen Ableger als Facebook-Gruppe, der den Gedanken Zuckerbergs, die Plattform hätte vieles für die Bildung von Gemeinschaften getan, auf besondere Weise illustriert. Dort heißt es in einem Post vom 31. Mai 2018, der einer langen, sehr langen Serie von Beiträgen ihre ideologische Vorgabe mit auf den Weg gibt und dabei rhetorisch deutlich vorsichtiger ist als die ungleich expliziteren Beiträge, die dann folgen:

> „Eine Weltanschauung ist die Schau der inneren und äußeren Zusammenhänge des Lebens, die es uns ermöglicht, die Dinge nach Rang und Wert zu ordnen. Unser Wunsch ist es, Dir jenes geistige Rüstzeug zu vermitteln, welches Dir ermöglicht, aus der einheitlich geprägten Denkblase auszubrechen und Dir eine eigene Meinung zu bilden. Die Seite beschäftigt sich unter Anderem mit der Ästhetik, Kultur, sowie historisch- und traditionsgeprägten Inhalten, die sich gesellschafts- und selbstkritisch äußern, dabei aber auch den Blick auf das aktuell tagespolitische Geschehen lenken sollen."

Abb. 31:
Facebook-Seite von Deutsche Weltanschauung (Screenshot vom 4.8.2023)

Die „Nationale deutschvölkische Revolutionsbewegung NDVRB", die vorsorglich des Falls einer – bis zum Zeitpunkt der Abfassung dieses Buchs nicht erfolgten – juristischen Sperrung von Rechts wegen auf andere Kanäle verweist, auf denen sie dann weiter senden könne, findet, dass der Beitrag „großartig geschrieben" sei, und setzt die Propaganda in Bild und Text mit ihren Mitteln fort. Ihre Facebook-Posts sind antisemitisch, antidemokratisch und rekrutieren sich aus Stimmen aus dem weiten Feld zwischen Corona-Leugnern und Reichsbürgern. Die „Deutsche Weltanschauung" ist, so heißt es ganz explizit bei Facebook, eine „Community" und wird dort der Architektur der Plattform entsprechend mit anderen „ähnlichen Seiten" verlinkt: „right nerd – right now" („Nonkonforme

Abb. 32.1–32.3:
Facebook-Seite von Deutsche Weltanschauung (Screenshots vom 4.8.2023)

EHRE
DAS
EIGENE
DEUTSCHE WELTANSCHAUUNG
DEUTSCHE WELTANSCHAUUNG
DEUTSCHE WELTANSCHAUUNG

DEUTSCHLAND IST DA,
WO STARKE HERZEN SIND!

Popkultur ist unser Ding"), „WOR Arts" (die u.a. Drucke von Arno Breker und Kühlschrankmagnete mit Soldatenmotiven vertreibt) und die „Nordische Zeitung" (die mit dem „ersten heidnischen Schoko-Weihnachtskalender der Artgemeinschaft" wirbt) werden genannt. Diese haben dann weitere einschlägige Links und auch zahlreiche Kommentator*innen. Folgt man den Links, so landet man nicht nur auf Telegram, sondern auch auf Facebook oder Instagram sehr rasch in einem dicht gewobenen rechten Netzwerk, das sich öffentlich zeigt und im großen Stil Fotos postet, die zwischen germanisch-nationalem Kitsch und politischer Denunziation pendeln. Individuelle Porträts treten auf diesen Seiten gänzlich zugunsten von typisierten Darstellungen zurück. Hier geht es nicht länger um Individuen. Man findet daher, wenn man sich nur auf der Facebook-Seite der „Deutschen Weltanschauung" bewegt, u.a. Krieger und Blondinen, Kinder und Bauern, Familien und nationale Denkmäler, Feuer und Nazifotos.

Hier geht es offenkundig nicht um Fotos von Individuen, wohl aber um Identität und Typus, um „Volkstypen", wie man in den 1930er und 1940er Jahren in Deutschland zu sagen pflegte – und das sowohl hinsichtlich der vorgestellten „eigenen" Identitätsmuster als auch der Feindbilder. Xenophobie und Antisemitismus, aber auch reaktionäre Gender-Stereotype sind keineswegs die Ausnahme. Die Gegenwart, die hier gezeigt werden soll, speist sich aus der Tiefe der zumeist nordischen, mindestens aber deutschen Vergangenheit. Ein jedes Bild lässt sich dabei als Rollenmodell verstehen, als Typus nationaler, völkischer oder zumindest – vorsichtig formuliert – traditionsbewusster Identität. Die Distinktion wird gleich mitgeliefert, wenn die Feinde benannt werden. Identität, Typus und Distinktion werden hier so miteinander verschaltet, dass sich selbst vermeintlich neutrale Aufnahmen von Leuchttürmen oder Wäldern sogleich in politische Propaganda verwandeln. Der deutsche Wald, der ohnehin eines der beliebtesten Motive rechter Bilder ist, ist dunkel. Diese Bilder rufen die Identität auf und in Erinnerung, die hier mobilisiert werden soll. Im Vordergrund steht nicht der Einzelne, sondern eine Gruppe, eine Gemeinschaft, eine, wie Zuckerberg sagte, „Community", die hier ideologisch unterfüttert und ausgemalt wird. Sie wird munter mit Bildern versorgt, die einerseits auf den Facebook-Seiten tief in die Klamottenkiste der völkischen Gesinnung und nordischen Mythologie greifen, andererseits aber auf Telegram unverhohlen zum politischen Kampf in der Gegenwart aufrufen. Eine Art von Arbeitsteilung. Diese ist strategisch und politisch motiviert. Seiten dieser Art konfigurieren einen ideologischen Unterbau und reichern ihn mit einer Fülle von Bildern an, die ganz offen rechtsextreme, faschistische und nationalsozialistische Ideologien mobilisieren. Auf diesen kann sich dann ein politisch aktiver Überbau setzen, der die rechte Mobilmachung der Bilder gar nicht weiter vorantreiben muss. Es reicht, wenn er sie anzitiert, und schon sind sie da. Die politisch aktiven Mitglieder der rechtsextremen Szene haben daher, wenn sie vorsichtig sind, auch kein Verbot ihrer Social Media-Auftritte zu befürchten und können trotzdem auf das einschlägige ideologische Bildreservoir zurückgreifen. Das Arsenal der Bilder ist bestückt.

Wir haben es mit einer Art von Mobilisierung von Bildern zu tun, die mit einem Zusammenspiel von Selbst- und Fremdzuschreibung operieren und dabei konsequent einerseits zwischen dem Einzelnen, der Masse und den Anführern der Bewegung und andererseits zwischen Natur und Kultur, Vergangenheit und Gegenwart switchen. Natur, Vergangenheit und Masse werden dabei als Modell für die Identitätsbildung der Kultur, der Gegenwart und des Einzelnen vorgestellt. Die Kultur soll in Natur, die Gegenwart in die Tiefe der Geschichte und der Einzelne in die Masse eingehen. Das ist die Verkettungslogik dieser Bilder. Die – meist männlichen – Führer geben dabei die Ideologie vor, während sich die Anhänger*innen dank der präsentierten Bilder gleichzeitig mit den Inhalten identifizieren. Das erzeugte Gruppengefühl der vorgestellten „Volkszugehörigkeit" ist dabei wesentlich eben auch Resultat der Bildpolitik, da die ausgewählten Bilder – und auch jene der realen Fahnen, Fackeln, Umzüge etc. – eine Manifestation der Überzeugungen sind, die sich selbst nicht visualisieren lassen. Sie brauchen das in historischen Bildern bereits Vorgeführte: das gemeinsame Gebrüll, das Marschieren unter einem symbolischen Banner, die nordische Vergangenheit und die nationalen Embleme, Symbole als starke „Aufhänger" usw. Die alten Bilder sind Modelle für die realen neuen, die des Einzelnen Vorbilder für die Masse und jene der Kultur Vorgaben für eine vermeintliche Überzeitlichkeit einer völkischen Identität. Diese zu visualisieren ist Aufgabe der Fotos, die in diesem Sinne einen Mummenschanz aufführen, der zwischen NS-Kitsch und aus verschmockten Wagner-Inszenierungen vertrauten Bildern pendelt. Wir blicken in den Imaginationsraum rechter Identitätspolitik, in dem politische Vorstellungen nachgerade ausgestellt und visualisiert werden. So stellt man sich dort Identität vor, so sieht man sie, so wünscht man sie sich.

Identifizierbare Porträts von Individuen tauchen hingegen auf rechten Seiten vor allem dann auf, wenn Personen – wie etwa Fotograf*innen auf Demos – den Gesinnungsgenossen bekannt gemacht, sprich denunziert werden sollen, Anhänger*innen der Bewegung zu Werbeträgern von Parolen werden, indem sie etwa einschlägige T-Shirts mit politischen Parolen tragen, oder aber schließlich die Köpfe, sprich Führer der Bewegung zu sehen sind. Um nur drei prominente Beispiele zu nehmen, die auf den ausgewählten Plattformen unterschiedlich präsent sind: Martin Sellner, Maximilian Krah und Björn Höcke. Was sehen wir, wenn wir diesen dreien auf den Social Media-Kanälen folgen? Lassen sich auch bei ihnen unterschiedliche Formen von Bildpolitik ausmachen?

Martin Sellner, das Gesicht der Identitären Bewegung Österreich, wurde auf Facebook und Instagram bereits vor einiger Zeit gesperrt, ist dort aber über andere Nutzer*innen wie u.a. dem rechtsextremen „alternativen" Nachrichtensender AUF1, einem gewissen „Pegasus_Patriot" („Heimatliebe ist kein Verbrechen!!!"), dem „Querdenker_aus_Hannover" oder dem einschlä-

Abb. 33:
Instagram-Seite von slayer_shepherds (Screenshot vom 1.8.2023)

gigen rechten Antaios Verlag („Neulich nach Gesprächen. Jetzt kennen wir uns doch schon recht lange."), der auch die Bücher von Sellner verlegt, weiterhin präsent. Der Hashtag „#martinsellner" führt weiterhin zu einer Vielzahl von Schäferhundefotos, die mit Sellner eigentlich nichts zu tun haben, hätte die Person, die diese Serie von Fotos gepostet hat, sie nicht immer mit dem Verweis auf ihn versehen.

Auch nur metonymische Ähnlichkeiten oder Übereinstimmungen mit einem Vertreter der Identitären Bewegung sind selbstverständlich rein zufällig. Sellner postet in rascher Folge Audios und Videos auf Telegram, die ihn als *talking head* zeigen, der die aktuelle politische Situation im In- und Ausland ebenso kommentiert wie BARBIE oder den letzten INDIANA JONES-Film im Sinne einer von ihm verabscheuten Queer and Woke Culture. Bilder sind hier Mangelware und offenkundig auch nicht erwünscht. Sellner legt wenig Wert auf weitere Fotos aus eigener Produktion, sondern zeigt sich lieber als intellektueller Kopf der Bewegung, gerne auch mit weiteren Repräsentanten der extremen Rechten, die zumeist wie er ihre Bücher bei Antaios herausbringen. In diesem Verlag laufen viele Fäden zusammen. Sellner, Höcke und Krah publizieren dort, werben für das Programm und treten teilweise auch mit dem Verleger Götz Kubischek und dessen Frau Ellen Kositza in Youtube-Videos auf. Sellner mobilisiert in seinen Texten und Videos viele der Ideologeme, die sich auf den anderen Kanälen dann als Bilder finden. Er liefert dazu den Text und dieser ist höchst explizit. Auch diese Art von Arbeitsteilung und funktional-ideologische Differenzierung ist eine politische Strategie der rechten Bewegung.

Maximilian Krah, der Spitzenkandidat der AfD für die Europawahl 2024 tut es Sellner gleich, postet aber seine Videos kanalaffin auf TikTok und ist zugleich auf allen hier untersuchten Plattformen vertreten. Die ideologische Nähe ist gleichwohl evident. Krahs Buch *Politik von rechts. Ein Manifest* findet sich auf den Social

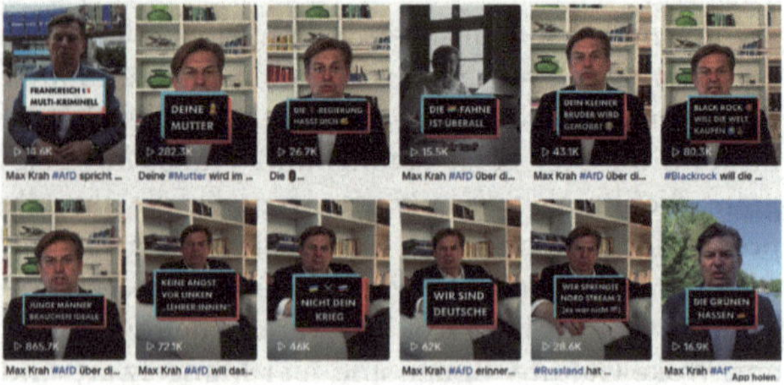

Abb. 34:
TikTok-Seite von Maximilian Krah (Screenshot vom 1.8.2023)

Media-Kanälen mehrfach mit Sellners *Regime Change von rechts. Eine strategische Skizze* zusammen abgebildet. Auch dafür sind Bilder da: Werbung in eigener Sache auf anderen Kanälen zu machen und – im Sinne eines Synergieeffekts – weltanschauliche Wahlverwandte zu benennen. Auch Krah favorisiert wie Sellner für seine politischen Botschaften Videos, ergänzt diese aber durch Fotos, die seine bürgerliche Credibility befördern sollen. Wir sehen ihn in Deutschland und der Welt, gerne auch einmal mit seiner Frau und/oder seinen Kindern mit Wein oder beim Essen, oder zusammen mit Politiker*innen aus allen Herren Ländern und – noch lieber – mit nun durchweg männlichen erzkonservativen katholischen Würdenträgern. Auf den allermeisten seiner Posts sehen wir ihn: Fokus auf Krah, mitten im Bild mit rechts gut sitzendem Seitenscheitel. Sein Stil ist es dabei, den gesamten gesprochenen Text in Schlagworten und Majuskeln über sein Bild zu posten.

Abb. 35:
Instagram-Seite von Maximilian Krah (Screenshot vom 1.8.2023)

„WIR SIND DEUTSCHE" ist dort dann etwa zu lesen, und weiter: „WIR SPRECHEN DEUTSCH WIR LEBEN IN DEUTSCHLAND UNSERE VORFAHREN WAREN DEUTSCHE UNSERE FREUNDE SIND DEUTSCHE WIR ERKENNEN UNS UND WISSEN DASS WIR AUFEINANDER VERLASSEN KÖNNEN". Das „uns" wurde hier vergessen, aber das ist eher ein Versehen als eine Fehlleistung, da das deutsche UNS – und nur das deutsche UNS – zu seinen

Abb. 36:
Facebook-Seite von Björn Höcke (Screenshot vom 3.8.2023)

Lieblingsvokabeln gehört. Zu seinen Videos gehören dann auch seine bereits nach seiner Nominierung als Spitzenkandidat der AfD für die Europawahl bekannt gewordenen Dating-Tipps („ECHTE MÄNNER SIND RECHTS ECHTE MÄNNER HABEN IDEALE ECHTE MÄNNER SIND PATRIOTEN“), aber auch ein langes Gespräch mit Ellen Kositza und Götz Kubitschek auf Youtube. Krah zeigt sich im Kreise seiner ideologischen Weggefährten, aber auch scheinbar weltgewandt und staatsmännisch mit Politiker*innen anderer Länder. Einmal schaut er nachts auf das beleuchtete Kapitol. Wahrscheinlich träumt auch er wie Sellner von einem Umsturz, der anders ausfallen soll als bei den amerikanischen Möchtegern-Umstürzlern. Auch die Gattungsbezeichnungen „Manifest“ und „Strategische Skizze“ ihrer Bücher legen das nahe.

Abb. 37.1–37.4:
Instagram-Seite von Björn Höcke (Screenshot vom 4.8.2023)

Anders Björn Höcke, der alle Kanäle bespielt, das aber auf sehr unterschiedliche Weise. Auf Instagram finden wir sehr viele Fotos, auf Telegram und Facebook vor allem Fotos von AfD-Meetings, Videos und zahllose Plakate.

Doch was zeigen Höckes Fotos auf Instagram? Wir sehen ihn privat, niemals mit seiner Familie, dafür aber gerne sportlich als Wanderer oder Rennradfahrer zwischen Deutschlandfahnen, Landschafts-, Kirchen- und

Brauchtumsbildern, die mit jenen der „Deutschen Weltanschauung“ – wenn auch in heruntergedimmter Form – durchaus kompatibel sind und der bereits konstatierten Verkettungslogik folgen.

Burgen, Bier und Beeren, Kirchen, Krieger und politische Kämpfer sind hier zu sehen und vor allem ein Mann, dem wir folgen sollen und das eben nicht als Follower, um diverse postmoderne Facetten seiner Identität kennenzulernen, sondern als politischem Führer ins prämoderne Reich der Beständigkeit. Wir sehen ihn auch mehrfach als Leser, der mit Ausnahme von Stefan Zweigs *Die Welt von Gestern*, dessen Titel auch das Programm der AfD formelhaft auf den Punkt bringt, ausschließlich Empfehlungen für Bücher aus rechten Verlagen ausspricht. Just am 17. Juni 2021 postet er mit seiner offenbar kompletten Sammlung der Produktion des rechtsradikalen Antaios Verlags als Bild: „Der sogenannte ‚Verfassungsschutz‘ verdächtigt nun auch Bücher.“ Besonders scheint es ihm im Antaios-Programm dabei der Literaturwissenschaftler Günter Scholdt angetan zu haben, der neben seiner Rehabilitierung der Literatur der „Inneren Emigration“ u.a. auch mit seinen Essays über Populismus und Postdemokratie von Höcke referiert und empfohlen wird. Gleich zwei Mal wirbt er auch mit Bild für das Magazin *Die Kehre*, das für die extreme Rechte das Feld der Ökologie erobern soll. Aber wir sehen Höcke auch mit einem Klassiker: „Glücklich ist nur, wer nach dem Beständigen, dem Unvergänglichen strebt“, zitiert er Augustinus, während er ausnahmsweise ein schwarz-weißes Foto postet, das ihn bei der Lektüre des Reclam-Hefts *Über das Glück* zeigt.

Abb. 38:
Instagram-Seite von Björn Höcke (Screenshot vom 1.8.2023)

Björn Höcke hatte schon am 5. Oktober 2020 im Sinne einer kanalübergreifenden Vernetzung gepostet: „Verbindung halten in Zeiten der Zensur: Jetzt auch auf Telegram!" Er wendet sich hierbei wohl nur an all jene, die bei ihrer Vorstellung eines Gemeinwesens bereits einem auf Rassismus, Volksverhetzung und Fremdenfeindlichkeit gründenden Identitätsversprechen folgen. Aber Mark Zuckerberg hat zumindest in einem Punkt recht: „Wir sind noch nicht am Ende angekommen."

Das gilt auch für ihn und sein Metaversum, das unser Universum werden soll. Facebook, das seit Zuckerbergs bereits erwähnter Taufe Meta heißt, ist vor allem anderen nämlich eine Ausweitung der ökonomischen Kampfzone. Selbst Avatare, die das Metaversum in großer Zahl bevölkern sollen, versprechen Umsatz und natürlich Daten – denn auf diese kommt es an. Meta hat keineswegs Avatare und eigentlich auch keine Menschen, sondern die an sie gekoppelten Informationen im Blick. Auf der einen Seite mag man daher Avatare wie „Superman123" oder „Batman321" und gefakte Porträtfotos in die weite Welt des Netzes schicken statt „echter" Fotos von einem selbst, auf der anderen Seite liefert man dadurch eben trotzdem jene Daten, die es gestatten, das Programm, das Bertillon und in einem gewissen Sinne auch Galton Ende des 19. Jahrhunderts umzusetzen suchten, auf eine ungeahnte Ebene zu heben – und das im Netz. Mithilfe der gesammelten Informationen lassen sich eben auch Verfahren der digitalen Personenidentifikation perfektionieren, Konsumprofile erstellen und Bewegungs- wie Vernetzungsdaten ermitteln. Avatare wie Menschen werden, sind sie erst einmal in Informationen verwandelt, zu Waren, die man verkaufen kann. Ihre Individualität ist nur als verlässlich nutzbare Information in der großen Masse von Daten relevant. Einzelne zählen erst, wenn eine relevante Anzahl erreicht ist, und dann nur als kleine Nummer im Datenmeer, das einen ökonomisch ertragreichen Fischfang ermöglicht.

Auch mit den digitalen Porträtfotos wird das Netz immer weiter gefüttert, bis es irgendwann gemolken werden kann. Die Programme der „facial recognition", der automatischen Gesichtserkennung, benötigen nämlich gigantische Datenbanken, um den Abgleich der jeweiligen Bilddaten mit den gespeicherten Informationen leisten zu können. Face++, FindFace oder die Produkte von Visage Technologies AB, um nur einige zu nennen, sind mittlerweile in der Lage, binnen Sekundenbruchteilen anhand der biometrischen Informationen, die bereits die Bilder einer CCTV-Kamera liefert, Passant*innen zu identifizieren. Das ebenso umstrittene wie effektive Sozialkredit-System, das in China seit einigen Jahren installiert wird, beruht auf genau solchen Programmen. Die über 200 Millionen der dort im öffentlichen Raum installierten Kameras gleichen die gewonnenen Informationen mit den Daten ab, die dank obligatorischer Gesichtsscans mit personenbezogenen Angaben verknüpft werden können, um dann sogleich das jeweilige Personenprofil zu aktualisieren und zu ergänzen. Seit 2002 wurde in China landesweit das CCTV-Programm unter dem Namen „Skynet", der Cinephilen aus den TERMINATOR-Filmen vertraut sein dürfte, auf- und ausgebaut. Ähnliches gilt aber auch für demokratische Länder, die mitunter riesige Datenbanken (Stichwort: NSA) erstellt haben – von den Social Media-Plattformen, den fleißigsten Datensammlern weltweit, ganz zu schweigen. Auch wenn es Facebook eigentlich kaum um Identifikation von Einzelpersonen – denn das macht schlicht zu viel Arbeit – geht, sondern um deren Kreditkarte und ihr Benutzer- und Konsumprofil, trägt es doch seinen Namen nicht zu Unrecht. Während bei Bertillon noch die Polizeibeamten mühselig den Datenabgleich vorzunehmen hatten, übernehmen das nun automatisierte Computerprogramme. Ihre Programmierer*innen versprechen darüber hinaus für eine baldige Zukunft abrufbare Informationen über den jeweiligen Gemütszustand der Aufgenommenen und bieten auch einen Abgleich mit weiteren im Netz verfügbaren Fotos derselben Person. Einen Konnex zwischen den Avataren und real existierenden Personen herzustellen, dürfte dann eine der leichteren Aufgaben sein. Die Feststellung von Identitäten ist jedenfalls längst eine Sache von Algorithmen.

Man sollte allerdings weder der Versuchung erliegen, die beiden Reiche diesseits und jenseits des Bildschirms voneinander zu trennen, noch jener, sie kurzerhand in eins zu setzen. Weder die Matrix-Trilogie noch die Zweiweltenlehre, sondern eher die funktionale Osmose scheint als Referenzmodell geboten. Mark Zuckerberg erinnert in seiner gestreamten Vorstellung des neuen Metaversums daran, dass Meta vom griechischen „μετα“ stammt und „jenseits“ bezeichne:

> „I used to study Classics, and the word ‚meta' comes from the Greek word meaning ‚beyond'. For me, it symbolizes that there is always more to build, and there is always a next chapter to the story. Ours is a story that started in a dorm room and grew beyond anything we imagined; into a family of apps that people use to connect with one another, to find their voice, and to start businesses, communities, and movements that have changed the world."

Man muss nicht das große altphilologische Besteck auspacken und kenntnisreich oder bloß rhetorisch die Tradition der Antike bemühen, um zu sehen, dass Mark Zuckerbergs Jenseits ganz von dieser Welt ist und eine durch und durch ökonomische Ausrichtung hat. Besonders interessant ist aber der letzte Satz des Zitats, da dieser die Konstruktion von „communities" und „movements" unterstreicht, die bereits Facebook ermöglicht habe und die dann Meta noch weiter voranzutreiben suche. Facebook habe, so Zuckerberg, vielen gestattet, „ihre Stimme zu finden" und in der „Familie der Apps" auch ihnen Nahestehende, sprich eine Familie von ähnlich Gesinnten. Das gilt natürlich auch für die rechte Szene, von der ausführlich die Rede war und die sich genau so mit Followern anderen Typs weiter versorgt. Sie ist ein „movement", das sich zur Aufgabe gestellt hat, „to change the world". Daher Texte, die ein „Manifest" oder eine „Strategische Skizze" versprechen, und Fotografien, die eine Bildpolitik verfolgen. Dass ein von politisch vermeintlich neutralen ökonomischen Motiven geleitetes Interesse an der Bildung von „communities" auch vor Rassismus und völkerrechtswidriger Gewalt nicht gefeit ist, zeigt eindrücklich die tragische Geschichte der Rohingya. Über Monate hinweg wurde Facebook mit antimuslimischen Posts von dem Militär nahestehenden User*innen aus Myanmar und von nationalbuddhistischen Gruppierungen geflutet. Meta unterband dies nicht, sondern machte die Nachrichten im Gegenteil sichtbarer und verstärkte mittels Algorithmen ihre Präsenz. Auch Algorithmen vermeintlich „sozialer" Netzwerke haben Auswirkungen auf die reale Welt, selbst dann, wenn sie ausschließlich zur ökonomischen Gewinnmaximierung programmiert wurden. Dies geschieht vor allem dann, wenn sie auf ihren Plattformen ohne eigenes ideologisches Interesse identitäre Bewegungen unterschiedlichen Typs befördern und verstärken.

Soziale Netzwerke sind programmatische wie programmierte Katalysatoren solcher erst einmal virtuellen Gemeinschaften, die aber zumeist die Tendenz haben, aus dem Reich des Jenseits wieder zurück in die reale Gegenwart wirken zu wollen und dies auch tun. Metawelten hatten – das hätten wir natürlich aus Erfahrung wissen können – immer schon die Tendenz, ihre Einflusssphäre auf das Diesseits auszudehnen. Die politische Macht der Religionen verdankt sich nicht zuletzt dieser systemischen Osmose zwischen zwei Welten. Die Art und Weise, wie wir unser irdisches Leben führen, sollte bekanntlich Auswirkungen darauf haben, welches zukünftige uns bestimmt war. Jenseitige Versprechungen hatten viele, oft schreckliche diesseitige Konsequenzen. Viele Terrorakte der letzten Jahre wurden mit dem Narrativ einer Entlohnung im Jenseits schmackhaft gemacht. Wenn man die Ungläubigen bekämpft, wird der Glaube einen in anderer als ökonomischer Form reich machen – und das auch im Metaversum der Religion. Der Kampf gegen bestimmte Formen von Identitätspolitik und gegen Netzwerke, die diese gezielt einsetzen, verspricht hingegen weder eine Entlohnung im Diesseits noch eine im Jenseits. Aber er ist dringend geboten.

NACHWEISE DER ONLINE-ZITATE

S. 71, 72 und 74: about.fb.com/de/news/2021/10/zitate-von-der-facebook-connect-2021
S. 123: about.fb.com/news/2021/10/founders-letter
S. 78: generated.photos/anonymizer
S. 91: linksunten.indymedia.org
S. 97: sezession.de/65781/szene-prosa-in-vier-beispielen-romane-und-kunst-2
S. 104: www.facebook.com/Deutsche-Weltanschauung-298046713966426

Letzter Zugriff jeweils am 26.9.2023

ZITIERTE WEBSITES UND INTERNETQUELLEN

Die Websites sind in der Reihenfolge ihrer Erwähnung im Text angegeben. Letzter Zugriff jeweils am 27.11.2023

portraitai.com
this-person-does-not-exist.com
www.whichfaceisreal.com
pen.gg/de/campaign/maskid
www.youtube.com/watch?v=Uvufun6xer8
[= „The Metaverse and How We'll Build it Together – Connect 2021“]
generated.photos
forensic-architecture.org
www.nancyburson.com
de.indymedia.org
www.facebook.com
www.instagram.com
telegram.org

ABBILDUNGSVERZEICHNIS

Frontispiz: *Mug Shots* von Donald Trump und seinen Mitangeklagten. Fulton County Sheriff's Office, 24.8.2023.

Abb. 1: Nadar (= Félix Tournachon), Carte de Visite-Portraits von George Sand, 1860er Jahre, Bibliothèque Nationale de France.

Abb. 2: Nadar (= Félix Tournachon), Carte de Visite-Portrait von George Sand nach einer 1852 angefertigten Daguerreotypie von Pierre-Ambroise Richebourg, ca. 1860, Bibliothèque Nationale de France.

Abb. 3: Am 1.8.2023 auf der Website portraitai.com generierte Bilder auf Grundlage einer Porträtfotografie.

Abb. 4.1 bis 4.4: Am 1.8.2023 auf der Website this-person-does-not-exist.com/de generierte Bilder.

Abb. 5: Am 1.8.2023 auf der Website www.whichfaceisreal.com generierte Bilder.

Abb. 6: Blatt aus dem Archiv von Dr. Barnardo, 1873–1875 – Archiv Barnardo's, London.

Abb. 7: Werbekarten von Dr. Barnardo, um 1875, Abb. aus: *The Camera and Doctor Barnardo*, Hertford 1974.

Abb. 8: Patientenakte von Robert Walser in der Heil- und Pflegeanstalt Herisau, Abb. aus: *Appenzellische Jahrbücher*, Heft 133, 2005.

Abb. 9: Hugh Welch Diamond, Patientin des Surrey County Lunatic Asylum, 1850er Jahre, Metropolitan Museum of Art, New York.

Abb. 10.1: Alphonse Bertillon, „Tableau synoptic des traits physionomiques: pour servir a l'étude du ‚portrait parlé'", ca. 1909, Metropolitan Museum of Art, New York.

Abb. 10.2: Alphonse Bertillon, Anthropometrische Karte vom 11. Juli 1894, Wikimedia Commons.

Abb. 11.1, 11.2: Amerikanische *Mug Shots*, 20. Jh., www.nj.com/news/2014/02/vintage_mug_shot_photos.html (letzter Zugriff am 1.9.2023).

Abb. 12: Carl Dammann, Seite aus seinem *Anthropologisch-Ethnographischem Album in Photographien*, 1873/74, New York Public Library, Digital Collections.

Abb. 13: Francis Galton, Frontispiz von *Inquiries into Human Faculty and Its Development*, London 1883.

Abb. 14: Francis Galton, „Composites of Phthisical and Non-phthisical Hospital Population." Tafel 34 aus: Karl Pearson, *The Life, Letters and Labours of Francis Galton*, Bd. II, Cambridge 1924, nach S. 291.

Abb. 15: Henry Pickering Bowditch, Twelve Boston physicians and their composite portrait, 1892, Harvard Medical Library.

Abb. 16: André-Adolphe-Eugène Disdéri, Prince Lobkowitz, 1858, Metropolitan Museum of Art, New York.

Abb. 17.1: Pierre-Louis Pierson, Aufnahmen der Contessa di Castiglione, 1860er Jahre, Wikimedia Commons.

Abb. 17.2: Pierre-Louis Pierson, Die Contessa di Castiglione als „Königin der Nacht", 1860er Jahre, Metropolitan Museum of Art, New York.
Abb. 17.3: Pierre-Louis Pierson, Die Contessa di Castiglione als Büsserin, 1863, Metropolitan Museum of Art, New York.
Abb. 17.4: Pierre-Louis Pierson, Die Contessa di Castiglione als „Königin von Etrurien", 1860er Jahre, Metropolitan Museum of Art, New York.
Abb. 18.1 bis 18.4: Carte de Visite-Porträts von Hannah Cullwick, 1870er Jahre, Trinity College Library, Cambridge. Arthur Munby Collection.
Abb. 19.1 bis 19.3: Mark Zuckerbergs Avatare in „The Metaverse and How We'll Build It Together – Connect 2021", www.youtube.com/watch?v=Uvufun6xer8 (abgerufen am 4.8.2023).
Abb. 20: Konzert von Jon Baptist in „The Metaverse and How We'll Build It Together – Connect 2021", www.youtube.com/watch?v=Uvufun6xer8 (abgerufen am 4.8.2023).
Abb. 21: generated.photos/face-generator (abgerufen am 4.8.2023).
Abb. 22: Am 1.8.2023 auf der Website generated.photos generierte Bilder auf Grundlage einer Porträtfotografie.
Abb. 23: Nancy Burson, Covergestaltung der Ausgabe von *Time,* 20.7. 2018.
Abb. 24: Nancy Burson, „Human Race Machine", Installation im öffentlichen Raum, New York 2000, www.nancyburson.com (abgerufen am 4.8.2023).

Abb. 25: linksunten.indymedia.org (Screenshot vom 1.8.2023).
Abb. 26: Screenshot der Facebook-Seite von „Der Rechte Rand“ vom 1.8.2023.
Abb. 27.1, 27.2: Screenshots von der Facebook-Seite von „Der Rechte Rand“ vom 1.8.2023.
Abb. 28: Screenshot der Telegram-Seite der Identitären Bewegung Österreich vom 1.8.2023.
Abb. 29: Screenshot der Telegram-Seite von „DarumVoelkisch“ vom 1.8.2023.
Abb. 30: Screenshot der Instagram-Seite von „vbeobachter“ vom 1.8.2023.
Abb. 31: Screenshot der Facebook-Seite von „Deutsche Weltanschauung“ vom 4.8.2023.
Abb. 32.1 bis 32.3: Screenshots der Facebook-Seite von „Deutsche Weltanschauung“ vom 4.8.2023.
Abb. 33: Screenshot der Instagram-Seite von „slayer_shepherds“ vom 1.8.2023.
Abb. 34: Screenshot der TikTok-Seite von Maximilian Krah vom 1.8.2023.
Abb. 35: Screenshot der Instagram-Seite von Maximilian Krah vom 1.8.2023.
Abb. 36: Screenshot der Facebook-Seite von Björn Höcke vom 3.8.2023.
Abb. 37.1 bis 37.4: Screenshots der Instagram-Seite von Björn Höcke vom 4.8.2023.
Abb. 38: Screenshot der Instagram-Seite von Björn Höcke vom 1.8.2023.

AUSWAHLBIBLIOGRAFIE

Aufgeführt sind alle im Text erwähnten Bücher sowie eine Auswahl weiterführender Literatur.

Diane Atkinson, *Love and Dirt: The Marriage of Arthur Munby and Hannah Cullwick*, New York 2003.

Walter Benjamin, „Kleine Geschichte der Photographie“, in: ders., *Gesammelte Schriften*, Bd. II, Frankfurt/M. 1977, S. 368–383.

Catharina Berents, *Contessa di Castiglione. Die Femme fatale des Second Empire*, München 2023.

Alphonse Bertillon, *Das anthropometrische Signalement*, Bern 1895.

Ders., *Die gerichtliche Photographie: mit einem Anhange über die anthropometrische Classification und Identificirung*, Halle/Saale 1896.

Nancy Burson, Richard Carling und David Kramlich, *Composite: Computer Generated Photographs*, New York 1986.

Georges Didi-Huberman, *Erfindung der Hysterie. Die photographische Klinik von Charcot*, München 1997.

Elizabeth Edwards (Hg.), *Anthropology & Photography: 1860–1920*, New Haven (Conn.) 1992.

Didier Eribon, *Rückkehr nach Reims*, Berlin 2016.

Jonathan Finn, *Capturing the Criminal Image. From Mug Shot to Surveillance Society*, Minneapolis und London 2009.

Michel Frizot u.a., *Identités. De Disderi au photomaton*, Paris 1985.

Francis Galton, *Inquiries into Human Faculty and Its Development*, London 1883.

Kelly Gates, *Our Biometric Future. Facial Recognition Technology and the Culture of Surveillance*, New York 2011.

Carlo Ginzburg, „Spurensicherung. Der Jäger entziffert die Fährte, Sherlock Holmes nimmt die Lupe, Freud liest Morelli – die Wissenschaft auf der Suche nach sich selbst", in: ders., *Spurensicherungen. Über verborgene Geschichte, Kunst und soziales Gedächtnis*, München 1988, S. 78–125.

Valentin Groebner, *Der Schein der Person. Steckbrief, Ausweis und Kontrolle im Mittelalter*, München 2004.

Ders., *Ich-Plakate. Eine Geschichte des Gesichts als Aufmerksamkeitsmaschine*, Frankfurt/M. 2015.

Michael Hagner, „Mikro-Anthropologie und Fotografie. Gustav Fritschs Haarspaltereien und die Klassifizierung der Rassen", in: Peter Geimer (Hg.), *Ordnungen der Sichtbarkeit. Fotografie in Wissenschaft, Technologie und Kunst*, Frankfurt/M. 2002, 252–285.

Nathan Jurgenson, *The Social Photo. On Photography and Social Media*, London 2019.

Maximilian Krah, *Politik von rechts. Ein Manifest*, Schnellroda 2023.

Cesare Lombroso, *Der Verbrecher in anthropologischer, ärztlicher und juristischer Beziehung*, 3 Bde., Hamburg 1890–96.

Lev Manovich, *Instagram and Contemporary Image*, New York 2017.

Katarina Matiasek (Hg.), *Überleben im Bild. „Rettungsanthropologie" in der fotografischen Sammlung Emma und Felix von Luschan* (= Beiträge zur Geschichte der Fotografie in Österreich, Bd. 21), Salzburg 2021.

Reinhard Matz, *Faces without People*, Köln 2022.

Roland Meyer, *Operative Portraits. Eine Bildgeschichte der Identifizierbarkeit von Lavater bis Facebook*, Konstanz 2019.

Ders., *Gesichtserkennung*, Berlin 2021.

Christopher Pinney, *Photography and Anthropology*, London 2011.

Susanne Regener, *Fotografische Erfassung. Zur Geschichte medialer Konstruktionen des Kriminellen*, München 1999.

Legacy Russell, *Glitch Feminismus. Ein Manifest*, Leipzig 2021.

Allan Sekula, „Der Körper und das Archiv", in: Herta Wolf (Hg.), *Diskurse der Fotografie. Fotokritik am Ende des fotografischen Zeitalters*, Bd. II, Frankfurt/M. 2003, S. 269–334.

Martin Sellner, *Regime Change von rechts. Eine strategische Skizze*, Schnellroda 2023.

Neal Stephenson, *Snow Crash*, Frankfurt/M. 2021.

John Tagg, *The Disciplinary Frame. Photographic Truths and the Capture of Meaning*, Minneapolis und London 2009.

Thomas Theye (Hg.), *Der geraubte Schatten. Die Photographie als ethnographisches Dokument*, München 1989.

Alise Tifentale und Lev Manovich, „Selfiecity: Exploring Photography and Self-Fashioning in Social

Media“, in: David M. Berry und Michael Dieter (Hg.), *Postdigital Aesthetics. Art, Computation and Design*, New York 2015, S. 109–122.

Wolfgang Ullrich, „Die Wiederkehr der Schönheit: Über einige unangenehme Begegnungen“, in: *Pop Zeitschrift*, 7.11.2017, online unter: pop-zeitschrift.de/2017/11/07/die-wiederkehr-der-schoenheit-ueber-einige-unangenehme-begegnungenvon-wolfgang-ullrich07-11-2017.

Ders., *Selfies*, Berlin 2019.

Ders., *Feindbild werden. Ein Bericht*, Berlin 2020.

Eyal Weizman, *Forensic Architecture. Violence at the Threshold of Detectability*, New York 2019.

Mark Zuckerberg, „The Metaverse and How We'll Build it Together – Connect 2021“. Online unter: www.youtube.com/watch?v=Uvufun6xer8; deutsche Zitate daraus unter: about.fb.com/de/news/2021/10/zitate-von-der-facebook-connect-2021.

Ders., „Founder's Letter 2021“. Online unter: about.fb.com/news/2021/10/founders-letter (letzter Zugriff jeweils am 26.9.2023).

DANK

Mein erster Dank geht an Jean-Pierre Wils. Dank seiner Anfrage ist ein Aufsatz entstanden, der die Grundlage dieses Buchs darstellt. Er ist unter dem Titel „Fotografische Bildpolitiken der Identität“ erschienen in: *Scheidewege*, Bd. 52, *Identität oder nicht?*, 2022, S. 65–90.

Meinen beiden August-Lektoren Morten Paul und David Weber danke ich für ihre hilfreichen Anmerkungen. Für ihre Lektüre des Textes, ihre Anregungen und ihre Kritik danke ich Francesco Iorianni, Reinhard Matz, Roland Meyer, Alexander Schmitz, Matthias Schöning, Robert Stockhammer, Felix Thürlemann, Wolfgang Ullrich, Juliane Vogel und Raimar Zons.

IMPRESSUM

Bildpolitiken der Identität erscheint im August Verlag. Der August Verlag ist ein Forum für Theorie im Schnittpunkt von Philosophie, Politik und Kunst. Seit 2021 ist der August Verlag ein Imprint von Matthes & Seitz Berlin.

August Verlag
august@augustverlag.de
www.augustverlag.de

Erste Auflage Berlin 2024

Gestaltung: Selitsch Weig
Druck: ArtDruk, Kobyłka

Die Deutsche Nationalbibliothek verzeichnet diese Publikation in der Deutschen Nationalbibliografie; detaillierte bibliografische Daten sind über http://dnb.d-nb.de abrufbar

Printed in Poland

ISBN 978-3-7518-9028-1

BISHER ERSCHIENEN

Georges Canguilhem
DIE ERKENNTNIS DES LEBENS
ISBN 978-3-941360-00-6

Marietta Kesting,
Aljoscha Weskott (eds.)
SUN TROPES
Sun City and (Post-)Apartheid Culture in South Africa
ISBN 978-3-941360-04-4

Anselm Haverkamp
BEGREIFEN IM BILD
Methodische Annäherung an die Aktualität der Kunst (Antonello da Messina, August Sander)
Kleine Edition 1
ISBN 978-3-941360-02-0

Barbara Vinken
EINE LEGENDE DER MODERNE
Flauberts *Einfaches Herz*
Flaubert Lectures I
Kleine Edition 2
ISBN 978-3-941360-03-7

Volker Pantenburg
RÄNDER DES KINOS
Godard – Wiseman – Benning – Costa
Kleine Edition 3
ISBN 978-3-941360-08-2

Jacques Rancière
DER HASS DER DEMOKRATIE
Kleine Edition 24
ISBN 978-3-941360-01-3

Alain Badiou
KLEINES TRAGBARES PANTHEON
ISBN 978-3-941360-06-8

Maria Muhle, Kathrin Thiele (Hg.)
BIOPOLITISCHE KONSTELLATIONEN
ISBN 978-3-941360-05-1

Jean Starobinski
GESCHICHTE DER MELANCHOLIEBEHANDLUNG
ISBN 978-3-941360-09-9

Thomas Khurana,
Christoph Menke (Hg.)
PARADOXIEN DER AUTONOMIE
Freiheit und Gesetz I
ISBN 978-3-941360-10-5

Juliane Rebentisch,
Dirk Setton (Hg.)
WILLKÜR
Freiheit und Gesetz II
ISBN 978-3-941360-11-2

Christoph Menke
RECHT UND GEWALT
Kleine Edition 4
ISBN 978-3-941360-14-3

Jonathan Culler
WHY FLAUBERT?
and Jacques Neefs
LOVE, GODS, WARS
A Modern Epic Prose
Flaubert Lectures II
Kleine Edition 5
ISBN 978-3-941360-15-0

Thomas Schestag
REALABSENZ, SCHATTEN
Flauberts Erziehung:
Zur *Education Sentimentale*
Flaubert Lectures III
Kleine Edition 6
ISBN 978-3-941360-16-7

Jalal Toufic
VOM RÜCKZUG DER TRADITION NACH EINEM UNERMESSLICHEN DESASTER
Kleine Edition 7
ISBN 978-3-941360-24-2

Branden W. Joseph
THE *ROH* AND THE COOKED
Tony Conrad and Beverly Grant in Europe (with an Essay by Tony Conrad)
ISBN 978-3-941360-18-1

Alexander García Düttmann
NAIVE KUNST
Ein Versuch über das Glück
Kleine Edition 8
ISBN 978-3-941360-13-6

Alain Brossat
PLEBS INVICTA
Kleine Edition 9
ISBN 978-3-941360-07-5

Jacques Rancière
UND DAS KINO GEHT WEITER
Schriften zum Film
ISBN 978-3-941360-19-8

Anselm Haverkamp
DIE ZWEIDEUTIGKEIT DER KUNST
Zur historischen Epistemologie der Bilder
Kleine Edition 10
ISBN 978-3-941360-23-5

Beate Söntgen, Gabriele Brandstetter
RENAISSANCEN DER PASSION
Flaubert Lectures IV
Kleine Edition 11
ISBN 978-3-941360-22-8

Isabelle Graw, Peter Geimer
ÜBER MALEREI
Eine Diskussion
Kleine Edition 12
ISBN 978-3-941360-28-0

Jacques Rancière
BÉLA TARR. DIE ZEIT DANACH
Kleine Edition 13
ISBN 978-3-941360-26-6

Björn Quiring (Hg.)
THEATRUM MUNDI
Die Metapher des Welttheaters von Shakespeare bis Beckett
ISBN 978-3-941360-17-4

Georges Canguilhem
DAS NORMALE UND DAS PATHOLOGISCHE
ISBN 978-3-941360-20-4

Thomas Khurana (Hg.)
THE FREEDOM OF LIFE
Hegelian Perspectives
Freiheit und Gesetz III
ISBN 978-3-941360-21-1

Eva Horn, Michèle Lowrie (Hg.)
DENKFIGUREN / FIGURES OF THOUGHT
Für / For Anselm Haverkamp
ISBN 978-3-941360-32-7

Andreas Fischer-Lescano
RECHTSKRAFT
Kleine Edition 14
ISBN 978-3-941360-29-7

Simon Rothöhler
HIGH DEFINITION
Digitale Filmästhetik
Kleine Edition 15
ISBN 978-3-941360-25-9

Stefanos Geroulanos, Todd Meyers
EXPERIMENTE IM INDIVIDUUM
Kurt Goldstein und die Fragen des Organismus
Kleine Edition 16
ISBN 978-3-941360-30-3

Rüdiger Campe, Christoph Menke, Anselm Haverkamp
BAUMGARTEN-STUDIEN
Zur Genealogie der Ästhetik
ISBN 978-3-941360-38-9

Friedrich Balke, Rembert Hüser
REISEN MIT KAFKA
Paris, Weimar
Kleine Edition 17
ISBN 978-3-941360-39-6

Jacques Lacan
STRUKTUR. ANDERSHEIT. SUBJEKTKONSTITUTION
Lacanian Explorations I
Kleine Edition 18
ISBN 978-3-941360-37-2

Leon Filter
BIEGEN
Mit einem Essay von Helmut Draxler
Kleine Edition 19
ISBN 978-3-941360-36-5

Volker Pantenburg u.a. (Hg.)
WÖRTERBUCH KINEMATOGRAFISCHER OBJEKTE
ISBN 978-3-941360-33-4

Jacques Rancière
DIE WÖRTER DER GESCHICHTE
Versuch einer Poetik des Wissens
ISBN 978-3-941360-42-6

Slavoj Žižek
THE WAGNERIAN SUBLIME
Four Lacanian Readings of Classic Operas
Lacanian Explorations II
Kleine Edition 20
ISBN 978-3-941360-41-9

Volker Pantenburg (ed.)
CINEMATOGRAPHIC OBJECTS
Things and Operations
ISBN 978-3-941360-34-1

Frédéric Paul
SARAH MORRIS
CAPITAL letters read better for Initials
ISBN 978-3-941360-46-4

David Joselit
NACH KUNST
ISBN 978-3-941360-47-1

Alexander García Düttmann
GEGEN DIE SELBSTERHALTUNG
Ernst und Unernst des Denkens
ISBN 978-3-941360-49-5

Eva Geulen
AUS DEM LEBEN DER FORM
Goethes Morphologie und die Nager
ISBN 978-3-941360-40-2

Daniel Loick
DER MISSBRAUCH DES EIGENTUMS
Kleine Edition 21
ISBN 978-3-941360-54-9

Georges Canguilhem
REGULATION UND LEBEN
Kleine Edition 22
ISBN 978-3-941360-43-3

Maria Muhle, Christiane Voss (Hg.)
BLACK BOX LEBEN
ISBN 978-3-941360-44-0

Astrid Deuber-Mankowsky
QUEERES POST-CINEMA
Yael Bartana, Su Friedrich, Todd Haynes, Sharon Hayes
Kleine Edition 25
ISBN 978-3-941360-55-6

Felix Trautmann (Hg.)
DAS POLITISCHE IMAGINÄRE
Freiheit und Gesetz V
ISBN 978-3-941360-31-0

Eric L. Santner
GESETZ UND PARANOIA
Freud, Schreber und die Passionen der Psychoanalyse
Lacanian Explorations III
ISBN 978-3-941360-53-2

Christoph Menke
RECHT UND GEWALT
Erweiterte Neuauflage
Kleine Edition 26
ISBN 978-3-941360-14-3

Richard Baxstrom, Todd Meyers
VIOLENCE'S FABLED EXPERIMENT
Kleine Edition 27
ISBN 978-3-941360-57-0

Christoph Menke
AM TAG DER KRISE
Kolumnen
Kleine Edition 29
ISBN 978-3-941360-62-4

Anne von der Heiden, Sarah Kolb (Hg.)
LOGIK DES IMAGINÄREN
Diagonale Wissenschaft nach Roger Caillois
Band 1: Versuchungen durch Natur, Kultur und Imagination
ISBN 978-3-941360-58-7

Katja Müller-Helle (ed.)
THE LEGACY OF TRANSGRESSIVE OBJECTS
ISBN 978-3-941360-64-8

Samo Tomšič
THE LABOUR OF ENJOYMENT
Towards a Critique of Libidinal Economy
Lacanian Explorations IV
ISBN 978-3-941360-56-3

Gilles Deleuze, Claire Parnet
DIALOGE
ISBN 978-3-941360-48-8

Anne Sauvagnargues
ETHOLOGIE DER KUNST
Deleuze, Guattari und Simondon
Kleine Edition 30
ISBN 978-3-941360-60-0

Eric Fassin
REVOLTE ODER RESSENTIMENT
Über den Populismus
Kleine Edition 31
ISBN 978-3-941360-68-6

Jörg Dünne
KOSMOGRAMME
Geohistorische Skalierungen romanischer Literaturen
Kleine Edition 32
ISBN 978-3-941360-69-3

Christian Maurel
FÜR DEN ARSCH
Mit einem Essay von Peter Rehberg
Kleine Edition 28
ISBN 978-3-941360-63-1

Anna Häusler, Elisabeth Heyne, Lars Koch, Tanja Prokić
VERLETZEN UND BELEIDIGEN
ISBN 978-3-941360-70-9

Jörg Kreienbrock
DAS MEDIUM DER PROSA
Studien zur Theorie der Lyrik
ISBN 978-3-941360-66-2

Ludger Schwarte
DENKEN IN FARBE
Zur Epistemologie des Malens
ISBN 978-3-941360-71-6

Henning Trüper
SEUCHENJAHR
Kleine Edition 33
ISBN 978-3-941360-83-9

Hanna Hamel
ÜBERGÄNGLICHE NATUR
Kant, Herder, Goethe und die Gegenwart des Klimas
ISBN 978-3-941360-80-8

Peer Illner (ed.)
UNWORKING
ISBN 978-3-941360-67-9

Gilles Châtelet
LEBEN UND DENKEN WIE DIE SCHWEINE
ISBN 978-3-941360-79-2

Didier Debaise
VOM REIZ DES MÖGLICHEN
Natur als Ereignis
ISBN 978-3-941360-78-5

Martina Dobbe und Francesca Raimondi (Hg.)
SERIALITÄT UND WIEDERHOLUNG: REVISITED
ISBN 978-3-941360-75-4

Johanna Bussemer, Katja Kipping
GREEN NEW DEALS ALS ZUKUNFTSPAKT
Die Karten neu mischen
Kleine Edition 37
ISBN 978-3-941360-88-4

Hanna Sohns und Johannes Ungelenk (Hg.)
BERÜHREN LESEN
ISBN 978-3-941360-84-6

Hervé Guibert
ZYTOMEGALIEVIRUS
Krankenhaustagebuch
Kleine Edition 36
ISBN 978-3-941360-87-7

Hervé Guibert
DEM FREUND, DER MIR DAS LEBEN NICHT GERETTET HAT
ISBN 978-3-941360-86-0

Alexander García Düttmann
DIE HOFFNUNGSLOSEN
ISBN 978-3-941360-90-7

Saidiya Hartman
DIESE BITTERE ERDE (IST WOMÖGLICH NICHT, WAS SIE SCHEINT)
ISBN 978-3-941360-91-4

Hannes Bajohr
SCHREIBENLASSEN
Texte zur Literatur im Digitalen
ISBN 978-3-941360-97-6

Leander Scholz
DIE REGIERUNG DER NATUR
Ökologie und politische Ordnung
ISBN 978-3-94136-096-9

Niklaus Largier, Anja Lemke (Hg.)
THEORIEN DES MÖGLICHEN
ISBN 978-3-94136-074-7

Kathy Acker, McKenzie Wark
DU HAST ES MIR
SEHR ANGETAN
E-MAILS 1995/96
ISBN 978-3-94136-099-0

Julian Radlmaier
BLUTSAUGER
ISBN 978-3-7518-9004-5

Anna Häusler
SZENEN DER HERABSETZUNG
Tragik und Ideologie
ISBN 978-3-94136-098-3

Volker Pantenburg
AGGREGATZUSTÄNDE
BEWEGTER BILDER
ISBN 978-3-94136-095-2

Jeffrey Jerome Cohen
STEIN
Ökologie des Nichthumanen
ISBN 978-3-7518-9005-2

Georges Canguilhem
ÜBER MAURICE HALBWACHS
Mit einem Essay von Henning
Schmidgen
Kleine Edition 41
ISBN 978-3-7518-9007-6

Roger Caillois, Sarah Kolb (Hg.),
Anne von der Heiden (Hg.)
DER MYTHOS UND DER
MENSCH
ISBN 978-3-7518-9006-9

Olivia Sudjic
EXPONIERT
Kleine Edition 34
ISBN 978-3-94136-082-2

McKenzie Wark
REVERSE COWGIRL
ISBN 978-3-7518-9010-6

Louis Chude-Sokei
TECHNOLOGIE UND RACE
ISBN 978-3-7518-9011-3

Dan Edelstein, Stefanos
Geroulanos, Natasha Wheatley
MACHT UND ZEIT
Kleine Edition 43
ISBN 978-3-7518-9018-2

Maurice Merleau-Ponty,
Oliver Precht
DER ROTE FADEN
Maurice Merleau-Ponty und
die Politik der Wahrnehmung
ISBN 978-3-7518-9016-8

Chris Kraus
EHRGEIZ, DEMUT, GLÜCK –
Texte zu Kunst und Freundschaft
ISBN 978-3-7518-9015-1

Hannes Bajohr,
Markus Krajewski (Hg.)
QUELLCODEKRITIK
Zur Philologie von Algorithmen
ISBN 978-3-7518-9020-5